序

靠谁，都不如靠己

一

2003年，北京动物园服装批发市场对面，有一个面积仅6平方米的女装店。

这个小店在熙熙攘攘的“动批市场”实在算不上起眼，打理这家店的是一个年仅18岁的女孩儿，名叫薇娅。

年纪虽然不大，但做事用心，男友负责选货进货，薇娅穿上主打款式，自己当活招牌，开店三个月就存下了10万元。

后来兜兜转转，薇娅参加过综艺选秀，当过嘻哈团体女主唱，跑到西安重开女装店，再后来开“淘宝”女装店……直到2016年，偶然间在“淘宝”开了人生第一场直播，当天观看人数就超过了5000。4个月后，她的直播引导成交额达到了一个亿。

2018年“双十一”全天，薇娅的直播间销售额超过3亿元，她正式成为“带货女王”。此后，她在直播间首次开启火箭运载服务在线发售，首次跨界卖房并把直播间搬到了样板房中，做公益助农直播，登上抗疫捐赠榜，还当选了全国青联委员。

薇娅电商生涯开始之初，李佳琦还只是一个在南昌大学舞蹈系读大二的小男生。

别的同学忙着谈恋爱，李佳琦却已经做了三份兼职，他说：“没有这些经验，你刚毕业的时候拿什么去跟别人谈工作、谈薪水呢？”

李佳琦兼职的几份工作中，其中一份是在南昌一家商场的欧莱雅专柜做BA（化妆品专柜美容顾问）。毕业后他转正了，初始月薪3000元。

李佳琦人生的转机发生在2016年。在淘宝直播中，他尝试将口红涂在了自己的嘴唇上，立刻引来一些观众在直播间破口大骂，但到了第三天，观众数量连续增长，数万人同时观看。

“冲突感”加速了其独有IP的形成，加上频频爆出的金句——“所有女生”“OMG”“买它”，这种犀利的直播风格和温柔帅气的个人形象，让李佳琦脱颖而出。

超级变现

SUPER CASHING

你一定用得上的增值课

赵继成◎主编

深氢商业—作品

金城出版社
GOLD WALL PRESS
中国 · 北京

图书在版编目（CIP）数据

超级变现：你一定用得上的增值课 / 赵继成主编 . —
北京：金城出版社有限公司，2021.4
ISBN 978-7-5155-2108-4

Ⅰ . ①超… Ⅱ . ①赵… Ⅲ . ①商业模式一研究 Ⅳ . ① F71

中国版本图书馆 CIP 数据核字 (2020) 第 272360 号

超级变现：你一定用得上的增值课

主　　编　赵继成
责任编辑　岳　伟
责任校对　王寅生
责任印制　李仕杰
开　　本　710 毫米 ×1000 毫米　1/16
印　　张　18
字　　数　184 千字
版　　次　2021 年 4 月第 1 版
印　　次　2021 年 4 月第 1 次印刷
印　　刷　天津旭丰源印刷有限公司
书　　号　ISBN 978-7-5155-2108-4
定　　价　68.00 元

出版发行　**金城出版社有限公司**　北京市朝阳区利泽东二路 3 号　邮编：100102
发 行 部　（010）84254364
编 辑 部　（010）64391966
总 编 室　（010）64228516
网　　址　http://www.jccb.com.cn
电子邮箱　jinchengchuban@163.com
法律顾问　北京市安理律师事务所　18911105819

2018年9月，李佳琦成功挑战“30秒涂口红最多人数”的吉尼斯世界纪录，从此被叫做“口红一哥”。同年双十一，他和马云比赛卖口红，在女主播占8成的“淘系”平台上，李佳琦凭借直播卖掉了1000支口红，而马云只卖出了10支。

如果说李佳琦和薇娅的工作一直离商业比较近，借助新零售的势头爆红算是乘势而起，另一个远离喧嚣、静处书斋的经济学家薛兆丰的走红，则像个意外。

在没有上知识付费平台“得到”之前，薛兆丰的名气更多局限在北京的高校圈子里。儒雅的外形、接地气的犀利的语言风格，让许多圈子里的人知道了薛兆丰。

2017年，“得到”创始人罗振宇邀请薛兆丰开设普及经济学知识的专栏，据说一开始薛兆丰是拒绝的，日更的频率、过长的单期准备时间，对于一个中年教授来说，工作量不小。

后来经过罗振宇的再次游说，薛兆丰接受了邀请。《薛兆丰的经济学课》正式上线，短短两个月的时间，订阅量超10万份。

到2020年6月16日，薛兆丰的专栏订阅人数超过50万人，在App内排名第一，创造了全球最大的经济学课堂。如果按照每份199元的价格算，这个专栏带来的营收接近一个亿，薛兆丰被网友称为“最会挣钱的教授”。

此后的薛兆丰，从北大离职，参加综艺节目《奇葩说》，做客直播间卖图书，拍纪录片……成为靠知识造富的代表人物。

和薇娅、李佳琦、薛兆丰一样，还有许多个体IP异军突起，成了引爆个体商业模式的创富英雄。

曾在央视当过主持人的王凯，凭借“凯叔讲故事”，从睡前故事这个极小的切入口进入少儿教育赛道，逐渐发展成为行业翘楚。

医学硕士李丹阳，把自己育儿期间的经验和所整理的知识通过微信公号传播，逐渐累积粉丝和影响力，发展出了“年糕妈妈”品牌，赢得了众多妈妈粉丝。

还有罗永浩、马东、罗振宇、樊登、papi酱，以及影视明星张庭、歌手林依轮……他们都通过打造个体IP，把自己延展成了一个团队，找准了一个切入口扎进去，逐渐生长成了一个生态和一簇产业，实现了个体和团队的价值增值。

二

每个人都是自己的商业模式。

这些年，打造个体IP、网红、KOL（关键意见领袖）、U盘化生存、斜杠青年、副业为生……成为流行词，背后代表了一个时代的新精神和新趋势。

那就是个体商业模式的崛起，个人创富时代的来临。

科技思想家克莱·舍基在《人人时代》一书中，描写过他观察到的人人时代的到来：工业化，在本质上是干巴巴的。用启蒙运动的术语，这叫祛魅。工业化好比一台烘干机，将社会关系中一切带有人情味的东西烘干，然后用原子式契约将个体联系起来。我们把烘干的社会关系，或者把社会关系的干（犹如晒成的干），称为组织。每个生命体，一旦脱离了组织，就会感到惶惶不可终日。活的东西，反而要将就死的东西。

到了人人时代，人人则是一个个具体的、感性的、当下的、多元化的人；他们之间的组织是一种基于话语的、临时的、短期的、当下的组合，而不是一种长期契约。博客、Digg、MySpace、维基、搜索引擎……这些都不是问题所在。它们只是技术，关键是人与人之间关系的改变。

管理学者陈春花教授也注意到了个体价值和小微单元的崛起，并对原有的组织构成了挑战。她说，稻盛和夫创造的经营模式被称为阿米巴经营，阿米巴经营就是把组织划分成一个个小的团队，提升组织成员的经营意识和参与感；海尔的管理坚持“企业无边界，管理无领导，供应链无尺度，员工自主经营”，构建了海尔的小微组织，这样做是为了更符合互联网时代的需求。

科技思想家凯文·凯利直接为个体商业模式、个体创富找到了一个有效的途径和方法——1000个铁杆粉丝。他认为，要成为一名成功的创造者，你不需要数百万粉丝。为了谋生的话，作为工匠、摄影师、音乐家、设计师、作家、App制造者、企业家或发明家的你，只需要1000个铁杆粉丝。

铁杆粉丝被定义为购买你任何产品的粉丝。凯文·凯利解释道：这些“死忠粉”会从数百公里以外开车来看你唱歌；他们会购买你所出图书的精装本、平装本、音频本等每个版本；他们会盲目地购买你的个人小雕像；他们还将购买你的“最佳”DVD；他们每月会来参加一次你组织的聚会。一个人如果有大约1000个这样的铁杆粉丝，他就可以谋生。

智研咨询报告显示，自2012年微信推出公众号后，各自媒体平台纷纷出现，自媒体从业者也逐年增多，特别是在2014、2015年出现了井喷式增长，此后增长趋于缓和。2018年我国约有自媒体从业者超270万人。2013年国内自媒体行业市场规模约22.9亿元，到2018年自媒体行业市场规模达到了876.1亿元，2020年行业规模将超过1200亿元。

在国家层面，也开始认可、支持、鼓励发展新个体经济。2020年7月，国家发改委等13部门联合发布《关于支持新业态新模式健康发展 激活消费市场带动扩大就业的意见》，明确鼓励发展新个体经济：支持微商电商、网络直播等多样化的自主就业、分时就业；鼓励发展基于知识传播、经验分享的创新平台；大力发展微经济，鼓励“副业创新”；着力激发各类主体的创新动力和创造活力，打造兼职就业、副业创业等多种形式蓬勃发展格局；支持线上多样化社交、短视频平台有序发展，鼓励微创新、微应用、微产品、微电影等万众创新；引导“宅经济”合理发展，促进线上直播等服务新方式规范健康发展。

新个体经济已成为国家政策支持的一个重要方向和形态。那么，为什么今天新个体经济成为一种趋势和潮流呢？离不开四个要素。

1.科技赋能，尤其是科技型平台的赋能

早期的BBS、博客、微博，再到微信、百度、今日头条、优酷、爱奇艺、抖音、快手、B站、知乎、花椒、映客、虎牙、斗鱼、喜马拉雅、蜻蜓，以及电商平台淘宝、京东、小红书，依托这些平台，诞生了一批又一批自媒体创业者、网红、小店店主、微商、播客、UP主……这些互联网平台让个体创业的门槛大大降低，加快了技术普惠、信息普惠、曝光普惠时代的来临。

2.IP变现

前互联网时代的IP变现主要是影视明星、歌星、知名主持人、主播，以及头部的少数经济学家，通过自己的知名度代言、走穴、演讲、站台。随着互联网的发展，各式各样媒介平台的出现，以及支付宝、微信等新金融手段支持的支付、打赏等便捷功能的推广使用，有一技之长、善于打造个人人格魅力、拥有铁杆粉丝的人，都找到了个体商业模式变现的途径。吃饭吃得好有人打赏，跳舞跳得好有人打赏，游戏打得好有人打赏，文章写得好有人打赏……

3.资本加持

在传统时代，很难想象风险投资者会对个人IP进行大手笔的投资，但今天这样的案例已经比比皆是。年糕妈妈、凯叔、papi酱背后都有资本力量的加持。大量的头部带货主播、快手抖音网红、微博大V、头部微信公众号主背后多有MCN机构的扶持，帮助他们增强曝光，实现变现，加大内容投入，构筑护城河。资本的力量大大加速了个体IP变现的速度，实现了财富十倍速甚至百倍速的增长，并让个体IP能够走向资本市场，实现资本变现。

4.多元变现机会

从来没有一个时代像现在这样，为IP提供了多元、跨界、破圈等各种各样的变现机会。罗永浩虽然做锤子手机失败了，但很快在抖音直播间找回了变现的自信；薇娅、李佳琦、papi酱这些最初红于网络的IP，开始不断地破圈、转场，代言广告，参加综艺节目，拍电影，拍纪录片；薛兆丰不仅是一位网红经济学家，还是《奇葩说》的知名导师、直播带货的名IP；吴晓波不仅是财经作家，还是许多项目背后的投资人、商学院的导师、汽车品牌代言人，等等。

三

当然，需要格外说明的一点是，个体≠个人，新个体经济≠一个人的经济。

改革开放之初，个体工商户兴起，那个时候个体户是作为一种商业形态、组织形态而存在的，相对的是国有企业、集体企业。

个体户也不仅仅指的是一个人做生意。相反，随着个体户的不断壮大，许多个体户都是以家庭为单位进行经营，而且逐渐有了雇员。

今天，个体IP商业模式的崛起，同样不代表只有或只能一个人进行经营。相反，发展壮大的个体IP的背后，都有一个支撑团队，他们甚至逐渐形成了一个生态。

“凯叔讲故事”中的凯叔逐渐虚化为一个卡通人物形象，在“凯叔讲故事”的App平台里，不仅有凯叔一个IP，还衍生孵化出了一系列的针对儿童的IP矩阵。凯叔站在前台，IP矩阵环绕而生。“凯叔讲故事”的团队也有数百人。

“吴晓波频道”也是团队作战，吴晓波的IP站在前台，逐渐衍生出了“巴九灵”“890新商学”等新的IP。在“890新商学”的App里，更是邀请了财经、地产、法律、社交电商、营销、销售等不同领域里的专业人士主讲各种各样的课程，形成了内容生态IP矩阵。

罗振宇IP裂变也是这样的一条路子。从最开始有强烈个人IP属性的“罗辑思维”节目，衍生出“得到”知识付费平台，“得到”再孵化出李翔、薛兆丰等一系列头部IP，最终形成一个知识IP矩阵和生态。这个矩阵和生态早已超出了一个人生意的范畴，而是一个团队的共同事业。

那么，这样的团队作战是否与个体商业模式形成冲突呢？

恰恰相反！

个体商业模式≠一个人做。

团队化作战，甚至最后上市，走上资本市场，恰恰是个体商业模式发展壮大的一个重要标志，也是一个不错的归宿和选择。当然，许多人选择一直靠自己做，小的也是美好的，并不一定都要做大，这是个人的选择。但团队有团队的好处，强大的人力、资本、执行力都会构成竞争的护城河。

个体商业模式要发展壮大，自始至终都离不开技术平台、流量平台的支撑，离不开类MCN机构的孵化和扶持，恰恰是因为有了后者的这些支持，才有了新个体经济和个体IP变现时代的来临。

如果没有淘宝、京东这样的电商平台，支付宝这样的支付工具，微信、抖音、快手、喜马拉雅、B站、知乎这样的技术和流量平台，就不可能有自媒体、KOL、带货主播、知识达人等生态的蔚然成势，也不可能从大的组织和机构中让个人解放出来，凭借自己的IP养活自己，甚至实现财富的十倍速增长。

四

还有风险需要提示。

成也IP，败也IP。许多风光一时的个体IP，因为出现了类似酒驾、私生活丑闻、言语不当等行为，甚至是犯罪，导致一夜之间个人声誉土崩瓦解，辛辛苦苦搭建的商业王国陷入危机，举步维艰。

所以，个体IP首要的风险就是IP本身的安全性，这也是许多投资方不愿意对个体IP进行投资的主要风险考虑。一些逐渐发展壮大的个体IP，开始考虑虚化个人的权重，开发IP矩阵，个人逐渐退居幕后，让机构品牌走到前台，这样可以降低风险。

还有一个比较大的风险，就是过于依赖和依附于平台。不管是电商平台，还是微博、微信、快手、抖音、B站、映客、花椒、虎牙、斗鱼这样的内容平台，对个体创业者来说，是重要的技术支撑、流量来源、粉丝运营维护工具，但同时也是规则的制定者。一旦与平台的规则冲撞，个体常常被迫离开，遭受重大损失，甚至因此一蹶不振，功亏一篑。

一些逐渐生长壮大、有资本能力的个体创业者，开始开发App，希望能够降低过度依附于某一个平台而带来的风险。但App自身的流量来源是个很大的问题，技术和人员投入也不少。而且这些App本身又生长在类似苹果这样的大生态内，所以平台的束缚无处不在，风险无处不在。

再有一个风险来自于市场本身。技术的变化速度前所未有地快，人们眼球、喜好、习惯的更迭也前所未有地快。从纸质阅读到140个字的微博阅读，到微信图文阅读，再到短视频、弹幕、直播……媒介和内容形态的变化每天都在发生。每个网红都面临着会红多久的拷问和危机，这是一个永恒的难题，也是所有个体创业者必须要面对的挑战。

就个体创业者团队自身来说，也存在所有创业者都会面临的共性风险，比如与MCN机构如何相处，利益如何分配？合伙人之间股权和话语权的权重如何划分？要不要引入资本的力量，要不要发展壮大？等等。

尽管风险重重，但依然不影响我们的一个重要判断，那就是眼下是个体商业模式崛起、个体创富最好的时代，没有之一！

对于那些身在组织当中心存梦想、自感施展不开拳脚的人，对于那些每天脑子里都喷涌出无数奇奇怪怪的创意、想去做属于自己的一摊子事的人，对于那些有一技之长、能够坚持把一件事做到极致的人，眼下是付诸行动的最好时候。

技术、平台、流量、媒介形态、用户管理工具方方面面都已经越来越成熟，个体创富的门槛大大降低。平台转换留出的缝隙红利，尤其是新平台崛起产生的新红利，是后入场者弯道超车最好的机会。

就像美国作家、历史学家塔拉·韦斯特弗说的，“你当像鸟飞往你的山”。勇敢地去干吧，打造属于你自己的“从0到1”。

（赵继成　文）

目 录

第 12 章

樊登，“替人读书”也能做成一门大生意

……

第 1 章 >>

罗永浩，只要战士不下战场，一切就皆有可能

罗永浩这个没有出众长相、没有高学历的中年胖子，究竟有什么魅力可以一直支撑他出现在每一个风口的“C位”呢？大概就是他自带吸粉能力的网红体质，以及对人对事执着的情怀。

有人说，罗永浩是继赵本山、郭德纲之后的幽默奇才，从他站上“新东方”讲台的那天开始，只要他开口说话的地方，就是众人目光的焦点。出书、演讲、做网站、做手机、做直播，但凡目力所及，他把能做的都做了，顺便还捐了几次款，砸了几台冰箱，圈粉无数。

但是，罗永浩似乎没能复制出别人故事里风雨后的彩虹，做网站黄了，做培训学校被关，做手机负债几个亿。明明带着百分百的诚意做事，却屡战屡败，但依然拥有屡败屡战的决心，“情怀家罗 · 永远在创业的路上 · 浩”是他诸多著名头衔中的一个。

在喜欢他的网民眼中，罗永浩是一个带着三分悲情色彩的精神偶像，而这样的偶像恰恰最不被允许的就是一帆风顺。从这个角度说，罗永浩或许是真的成功了。

初代网红诞生记

罗永浩出生在吉林延边，因为“生性狷直”“口无遮拦”常常成为同学排斥甚至胖揍的对象。

他自己没有丝毫悔悟之心，厌学偏科的情绪还日渐严重，尽管凭借着家里关系进到当地最好的高中，也终日以逃学为乐。到了高二下学期，实在读不下去，索性辍了学。之后的三四年，他着实悠闲，吃饭睡觉读闲书，伴随着体重秤上突破200斤大关的，还有他成年后对于人生未来逐渐外露的浓重焦虑。

“做点小本生意”是每一个对于职业迷茫的人首先能想到的糊口伎俩，于是他开始搬砖，摆地摊，做“倒爷”，卖电脑，什么五花八门的行业只要能让他“赚点钱”，他就都愿意尝试。

在写给新东方的求职信中，罗永浩回忆，1996年一个偶然的机会让他第一次发挥了靠嘴挣钱的天赋——一个朋友请他到公司做讲师，也就是在所谓的“传销课”上讲课。`

罗永浩说，那段时间他还爱上了西方的古典音乐，收集了上千张英文唱片，因此拾起了自己上学时实在耐不下性子学习的英语。也是机缘巧合，没过多久他就从朋友处得知了“新东方”年薪百万招聘英语老师的消息，凭借着突击了两个月的单词，和一封写给校长俞敏洪的万余字自荐信，竟然真的得到了试讲机会。

后来，经过了两次试讲课的失败之后，罗永浩终于站在了“新东方”的讲台上，同时也站在了网络聚焦的舞台之上。

在中国最早的一批网红中，拥有段子手的能力是无往不利的加持，罗永浩生生把枯燥的英语讲成了相声大会。当学生把这些段子整理成《老罗语录》时，罗老师的名头不胫而走，也成为迄今为止硕果仅存的初代网红。

当然，后来罗永浩澄清，自己其实并没有干过“传销”，只是当年为了求职谎称自己做过“传销”。

“乌托邦”般的誓言

在“新东方”教了几年课以后，罗永浩决定辞职，一门心思进军互联网行业。原因很简单，他这样一个表达欲旺盛、言辞激烈犀利又不肯修饰的人，写在博客上的内容虽然人气颇旺，但免不了惹来麻烦。

他找来合伙人，办了一个牛博网。网上至今流传着一份牛博网对于优秀博客的标准，比如：首先要会自己写字，不能像某某某；要言之有物，不能像某某某；不能剽窃，万一不小心剽窃了，要懂得道歉，不能像某某某（要是多次剽窃，道歉也不行）；可以是有钱人，但不能像某某某那么讨厌……可以幽默，但不要滑稽；可以搞笑，但不要可笑；最后，也是最重要的，文章一定要写得牛。

就是这样带有明显个人色彩的调侃式标准，邀请来了当时炙手可热的韩寒、柴静、冯唐、连岳等人坐镇，没多久就突破了日PV的百万大关，但“乌托邦”般的誓言只维持了两年，牛博网就关闭了。

在文艺青年们的一片哀叹声中，罗永浩却没有停留，他兴致勃勃地利用收拢起来的流量热度，转头创办了自己的英语培训学校，并开始以“我的奋斗”为题在全国高校巡回演讲。他出的半自传体同名书《我的奋斗》至今还威名赫赫。

有了知名度，有了粉丝，2012年他正式创办了“锤子科技”，与他同一时期下场的还有“小米”的雷军。用他自己的话说，之所以选择做手机是因为从小的“造物”工匠情节、成年后对数码产品的热爱以及能满足绝大多数人都有的需求这三个因素。当时市面上的手机从硬件到操作系统，从外形到UI界面，没有一处能入他的法眼，甚至他那时的小目标是“收购苹果”。

少有的倔强与不羁

2014年5月20日“锤子科技”Smartisan T1手机发布会堪称一场盛况空前的梦想演说会。北京国家会议中心，近5000人摩肩接踵地走入会场，门外是兜售门票的大批黄牛，网络直播的累计观看人次接近300万，最高同时在线人数33万……台上的罗永浩挥斥方遒、意气风发，似乎憋着的一口气终于挣了回来。

因为在那之前，他约见了许多投资人，却无一不认为他的手机梦是天方夜谭，最后据说是“陌陌”的老板唐岩给了他900万才凑齐了天使轮融资。但此时舞台上光芒万丈的他，根本就没有意识到，钱和事儿差了哪个都不行，现实狠狠地打了他的脸。

此后几年，罗永浩过得焦头烂额，一边是产品达不到预期，一边是资金状况频发。他承认，他自己擅长的是把握人性，而不是搞定技术，可手机技术是高度模块化的，“我坚信钱就能搞定”，于是问题变成了怎么搞钱。

搞钱要靠口才，这件事没有人比罗永浩更擅长。他的“战绩”中，网友们最喜闻乐见的就是在2016年“锤子”已经快活不下去的时候，他竟然从同样资金链已经出现问题的“乐视”当家人贾跃亭手里借走了一个亿。此事一出，网友合不拢的嘴巴里只能蹦出“山外有山，人外有人”这一句。

其实为了钱，他早就不在意自己的身份了，最讨厌和投资圈的人打交道却不得不硬着头皮上。曾主动签下“陌陌”直播，拿回几千万，也积极抱马云的大腿，甚至承诺让出50%的股份，只要能让“锤子”活下去，他不惜弯下了自己的腰。

2017年，成都打响了大力发展新经济的口号，为了把“锤子”留在成都，“锤子”10亿元融资中，据报道有6亿来自政府引导基金，这是他们前几轮融资的数倍。喜出望外的罗永浩立马把公司搬到了成都，信誓旦旦要打一场翻身仗。但两年还没到，就又全都烧进去了，最严重时负债6个亿。

数码产品较量的是科技实力，是产品定位，是推广运营的手段，情怀只是锦上添花的东西，从来都不能雪中送炭。尽管罗永浩和他的团队的确辛苦，他们的UI界面美观，动画流畅，甚至动画精度是按每毫秒进行调整，但它的优势也只是“好看”而已，性能平平，透支的依然是粉丝信任。

当“锤子科技”拿着B轮1.8亿的融资开发出千元机坚果，却不断陷入质量缺陷、供应商倒闭、资金链断裂的一系列问题时，高楼还是崩塌了。

2019年年中，“锤子”据传被“字节跳动”收购。

可以说，“锤子”倾注了罗永浩所有的心血，“锤子”的失败几乎让他一蹶不振。对比年少时的轻狂与野心，这个已近中年的男人似乎早已被锤打得体无完肤。他沉默寡言、精神萎靡，所有的自信和无畏似乎荡然无存。

但是2020年，据传他以6000万的高价把自己的直播带货秀场“卖身”给了“抖音”。在4月1日晚上首次直播带货时，仅3小时成交额就突破1.7亿，售出商品84万件，累计4891.6万人次观看。尽管商品和直播都有翻车，可人们知道，他又兜兜转转地回来了。

《财经天下》的一篇文章里说道，对于很多人来说，“老罗”已经是一个标签，代表着奋斗、叛逆和不同寻常。所以，他是这个时代少有的倔强与不羁，真诚与正直，只要他还站得起来，就一定有人为他振臂高呼，为他热泪盈眶。

寸步不让的耿直

罗永浩被人们记住的是一张利嘴和一腔情怀，他与其他主流的网红明星和商业大佬不同，人们在他的身上看到了很多难能可贵的品质，都是他实实在在的性格底色。在这个处处利益至上的世界里，他这样赤诚的人是一些人心头的白月光。

他不是商人，所以人们可以原谅他做不好企业。尽管他干一行败一行，可在网民眼中那不是方向不对就是时运不济，他这个人是绝无污点的，甚至有几分侠肝义胆。因为“罗永浩”三个字的背后是不畏强权，是意志坚定，是玩世不恭，也是敢做敢当。一个讨好的人设，才是挣得粉丝红利经久不衰的核心要素。

罗永浩创办牛博网时，或许是他人生最开心的时候，虽然走走停停，但他依然做到了日PV达到120万的惊人数据。他在做“我的奋斗”的演讲时，每每说起来不免得意洋洋。得意的不仅是两年内就开始盈利，做成了互联网业界少见的案例，更是因为他们的浩然正气和热心公益。

2008年，汶川大地震后，牛博网短期内募集到了上百万的赈灾基金，罗永浩亲自带队前往灾区赈灾。他们把花的每一分钱都清清楚楚地公布在网站上，小到每一瓶矿泉水的去向，并承诺捐款人，如果后悔出资，60天之内都可以退回。赈灾之后剩下的钱，通过一家公益机构建造了一所希望小学和一座学校宿舍。

再加上为山西黑砖窑母亲群体及获救窑工派发过年红包的捐款活动，牛博网和罗永浩的个人声望早就不再仅限于才华和幽默了。如果说这还只是代表了更高的社会责任感，那么帮助消费者维权、砸西门子冰箱的罗永浩，又增添了几分刚正不阿、寸步不让的耿直。

一开始，是他发现自家冰箱的门关不严，无意间发到网上，才知道不少网友也遭遇同样问题，这说明冰箱确实存在质量问题。但之后他与西门子求证的过程中对方反复推诿、答复含糊不清，始终不承认冰箱存在质量问题。几番交涉无果后，罗永浩和其他志愿者来到北京西门子总部进行维权，用铁锤砸烂了问题冰箱，并递交书面材料要求行动，督促西门子公司立即改正拒不承认产品问题、推卸责任、忽视消费者诉求的恶劣做法。

几经波折，最后在巨大的舆论压力和信任危机之下，西门子公司做出道歉。虽然在这个事件的结果里，罗永浩也没有大获全胜，但他推进了公民意识的崛起并挽回了尊严。

所以，当罗永浩为了他的“老罗英语”培训机构四处演讲拉人，背后却被质疑偷税漏税，说他资质造假，英语机构也受到牵连，但罗永浩的个人名誉几乎没有受到什么影响。因为，从哪个角度看，罗永浩的为人处事，着实不像个江湖骗子。

低估了事情的难度

知识分子通常多少都会有的孤傲，是书本和学识赋予他们的原则和底线。这点在罗永浩身上也体现得淋漓尽致。由于上学的时候不喜欢学应试知识，他就偷偷地看杂书，看完杂书再听老师讲的课就可以轻易挑出错来，当这种事情频繁地发生时，老师面子上开始挂不住，往往不怎么待见他，但他始终乐在其中。

后来进了“新东方”当老师，他才知道，做教育的人不一定都是良师。很多老师为了自己的业绩和奖金不择手段。因为幽默，他那时人缘不错，但因为心理素质不过关，他一讲大课就发挥失常，导致学生问卷调查分数平平，于是有的老师和他分享经验，可以在最后一节课的时候编一个悲惨的身世故事，年轻的孩子都很好骗，打出的同情分往往能接近满分，他嗤之以鼻。

后来自己做网站，又有大佬跳出来，给他指点人生：利用他网络十大红人排行第七的身份假造绯闻，可以炒红牛博网。也有人说，利用垃圾邮件短信进行轰炸投放。凡此种种，他都鄙视着礼貌拒绝。他说，当年的网络环境，就连几大门户网站也要靠性感女性的图片来刺激点击率，牛博网从来没有做过任何一个低俗的恶意的不正当的竞争决策。

他做培训也一贯如此，当市场上的英语培训机构打着“秘籍”“N天逆袭”“不需要念背”等口号的时候，他对自己市场部提出对外的广告定位要求是：“老罗英语”是一家没有秘籍，也不能在几天内实现飞速跨越并且需要你自己下功夫的英语培训机构。就是这样一个说了实话的英语培训机构，竟然在竞争对手使尽浑身解数一个班也招不满二三十人的行情下，轻而易举地把这个数字翻了倍。

他是一个不好欺负的正直人，办网站，做学校，罗永浩确实是凭借着他的天赋和经验走在了外界看来适合他的轨道上，尽管运途不济，但他自己的个人决策并没有重大偏差。可转头去做手机，又在规划不清晰的前提下孤注一掷，很难说不是他低估了一件事情的难度，势必要经历一场磨难。

理想至上，深入歧途

很多人喜欢用“锤子科技”的坚果手机质量问题来对比当年罗永浩砸掉西门子冰箱的“行为艺术”。罗永浩说，他是一个能够把事情做到95分，但控制不住嘴，往往要吹牛吹到100分的人，所以为了不丢脸，剩下的5分往往在牛吹过了之后也要补全。对于“锤子科技”，他一开始也是这样做的，只是这一次，他再怎么努力，连越过及格线都成了奢望。

“锤子”的前端工程师曾说，罗永浩的要求苛刻到了无以复加的程度，他甚至对于九宫格每一个板块的吹拂效果，都会审上一两百遍。他满意了，再交给设计人员挑毛病；大家都认可了，才能通过。罗永浩这种“野路子”让工程师极不适应，通常是一边骂一边开发。

硬件的工业设计，他们找来了世界著名的设计公司，并签署了独家协议。罗永浩想要让自己的产品设计符合有文艺情怀、愿意为设计感埋单的城市精英和中产阶级的需求。

但罗永浩高估了用户的感性与执念，他们会为了情怀买他的演讲门票，但绝不会只为了情怀买一部不尽如人意的手机来承载自己的每日刚需。不是每一个努力的人都有回报，有的时候方向错了还执迷不悟，那就是深入歧途。罗永浩在“锤子”上犯的错误，大抵就是此类。

其实，早在2012年小米手机销量就已经超过了700万台。2013年，智能手机就已经是风口了，想要分一块蛋糕的远不止罗永浩一个人，各家纷纷抢上赛道。等到Smartisan T1发布时已经是2014年了，或已失了先机。

相较于市场同类型产品，3000元定价实在过高；并且由于品控和产能、价格、渠道等原因，T1销量也不及原先的计划。此后的“坚果”又疯狂降价成了千元机，还存在屏幕摄像头歪斜松动，屏幕开胶漏电，LOGO歪斜，摄像头磨损严重等问题。

2011年年底，罗永浩和雷军谈了一个多小时，带着对“小米”的极度不屑决定自己做手机。对于“小米”，他发表过不少负面言论。怼过“小米”的广告，质疑过“小米”的设计，甚至看不上“小米”的饥饿营销……但轮到他自己，就显得过于情绪化。

2014年，王自如在自己的网站发布了对Smartisan T1的测评视频，列举了这款手机诸多性能上的弊端。罗永浩在微博上告知王自如，要和对方约到优酷直播当面对质，引发了200多万人的驻足观看。有人评价这场“辩论”：罗永浩占据了主动权，凭借强大的逻辑体系，指责、暗示、质疑、影射皆有，尽管事实不太站得住脚，但气势强大。王自如的测评不够专业，有些错误，但没有明显的硬伤，只是在年纪和修养上吃了谦谦君子的亏。

但这气势却没能从一而终，随着“锤子”的步步坎坷，罗永浩梗着的脖子再也硬不起来了。锤子背后供应链条不稳定，资金链随时断链，种种问题层出不穷。虽然罗永浩日日疲于资金周转，放下脸面，倾尽心血，但“锤子”的口碑还是降到了冰点。

他作为“锤子”的掌门人，显然是失控的，因为钱和设计的组合不代表优质产品。2014年，当“华为”决定进军手机市场时，仅开发人员就有1.2万名，而“锤子”最鼎盛时期的技术人员也不过百人。没有足够强大的技术团队，再加上步步踏错的发展策略，以及背后处处漏水的窘迫境地，罗永浩再怎么奔跑也不能抵达他许诺给用户的光明未来。

解决问题，敢做敢当

手机做失败了，罗永浩背负着几个亿欠款，还被人民法院下达了“限制消费令”。为此，罗永浩以“锤子科技”CEO的身份写下了《一个“老赖”CEO的自白》。文中称，他签了1个多亿的个人无责任担保，并在过去的10个月中偿还了3亿的欠款。

当初，他辞去“新东方”标榜百万实际50万～60万年薪的教师工作，并没有和家里打招呼，妻子和母亲的眼睛里都是对未来的担忧。他搞“锤子”，借了9600万，是他们夫妻共同签的借款合同，即使罗永浩还不了，债务也会落到妻子头上。后来，他的身体由于压力出现了问题，心脏痉挛。妻子说，跟着你这么多年啥也没留下，万一你死了，我得刷多少碗才能还上9600万？

当“锤子”失败的时候，罗永浩没有申请破产，但只要他这么做了，他又可以无债一身轻。他说，不这么做是原则，也是不想让当年合作过和帮助过他的人失望。他在“自白书”中道歉，称自己给大家添麻烦了，很是对不起；并且表示会继续把债务还完，哪怕以“卖艺”的方式；还有就是，无论如何“锤子”也会继续做下去。

这话说了没多长时间，他果然就跑去“抖音”“卖艺”了。一个战败了的身上背着巨额债务的CEO，他身上仅存的网红性质究竟值不值这6000万，无数人等着看一个结果。

2020年4月1日，罗永浩凭借一张嘴，用了一晚上，达成了上亿的营业额。第一次带的货都是低价的高频消费品，比起手机来，好卖多了，加上品牌自己累积下的用户信任和罗永浩本人推波助澜，7.8万支小米“巨能写”中性笔，4.5万张“奈雪的茶”定制心意卡，10余万盒信良记小龙虾……都在瞬间售罄。

但由于对行业的不了解，直播时出现各种口误和演示上的失误，老罗站起来鞠躬道歉："看在我是秃顶的份上原谅我吧！"后来产品又翻了车，因为"花点时间"的鲜花出现了枯萎和腐烂的问题，这在"520"这种带有消费仪式感的节日背景之下，实在扫兴。面对网友们的投诉，罗永浩5月20日在微博上再次郑重道歉，并发布了相关的补偿措施。他不顾形象地对"花点时间"进行谴责，督促他们对消费者落实赔偿。

他在自己深陷低谷的时候并没有抛下责任一走了之，所以尽管他并不是一个完人，自负、傲慢、情绪化严重，但仅就这责任感一点而言，他就能够获得网友足够的尊重。当在抖音带货里推荐一款剃须刀时，他刮掉了自己留了十几年的胡子。他说：我们这就告别昨天了，带着清零的态度做个新人，来投身到这个行业。

他眼神里的沧桑掩饰不了被岁月摧残的痕迹，但他的态度就如在"自白书"里承诺的那样：只要战士不下战场，一切就皆有可能。

许多人心中的悲情英雄

情怀至上的人不适合做企业。

商场如战场，意味着杀伐决断，意味着尸山血海，能王者归来的屈指可数。对比雷军的步步为营，罗永浩一路走来的种种表现确实难以称得上是一个卓越的企业家。

一开始“小米”也不是依靠性价比和产品性能被用户认可，雷军说“站在风口上，猪都能飞起来”，所以“小米”能够在大多数品牌还在观望时，抢先抓住了电商平台的红利。此后才依靠超高的性价比和具备优势的系统，以及饥饿营销等各种手段，打造出了一个品牌神话。雷军具备多年IT从业经验，自己是技术出身，身后的团队也都是各自领域中的专家，大家目标一致，在执行力和理解力上具备优异的素质。

而“锤子科技”似乎从一开始就没把功课做好，技术实力始终有局限，在资金步步紧缺的艰难中，软件研发是被牺牲掉的那一部分。罗永浩自己没有技术背景，合伙人还是学设计的，他们在意的是外观，是文化，但木剑上的花纹再怎么好看，上阵杀敌也干不过削铁如泥的板斧。

商业拼的是锱铢必较的利润，罗永浩似乎往往会沉浸在自我感动中，怎么赚钱对他不重要。当情怀压制了商业本性，掌舵人又具备绝对的话语权，对各方把控都随性且随意，身边还没有专业的人才能够说服他时，对企业来说极其危险。所以，情怀至上的人大概是不适合商场的。

但情怀至上的人可以做精神偶像。

“抖音”签下罗永浩，有多少帮衬他渡过难关的成分不好说，但拿他作为门店“吉祥物”招揽生意的策略是显而易见的。情怀这种东西未必是一剂良药，但至少会让人上瘾，不管是沉迷于罗永浩的个人魅力还是他的品德，喜欢他一次的人就能喜欢一辈子，当然前提是他的人设不崩塌。

这也是罗永浩这样的精神偶像难以复制的原因。

伪装成道德高尚的人除了流量实在没有什么实惠可言，而且网友不好骗，万一哪天没有撑住被捉住了尾巴那才是万劫不复。所以，罗永浩的屡屡失败可以被网友原谅，不仅仅因为他是个幽默的段子手和初代网红，还因为他虽然低估了做事的难度和商场竞争，但至少他做事认真，没有利欲熏心地去骗钱，真的不行就乖乖背锅，负责到底。

罗永浩在“我的奋斗”演讲时说，很多有才华的热忱少年，最后都因为学不会现实里为人处世的规则，得不到机会，往往一事无成。但成功的定义从来就不是一种，也许在别人眼里，他还是“一事无成”，但他始终没有辜负自己。初心不改的他，早就在冥冥之中成为无数人心中的悲情英雄。

（刘鉴漪　文）

第 2 章 >>

马东，一个睁着眼睛狂奔的人

马东是谁？

在《奇葩说》和“米未传媒”之前，马东的标签只有两个：中规中矩的央视主持人与相声大师马季的儿子。

而在后一个标签的巨大光环下，他这个“主持人”位子的得来在大众眼里像极了从前的退休工人让孩子顶替岗位的情况。这是所有“星二代”都要面临的窘境：因为你是某某的孩子，你得到的一切在世人眼里都是资源与家庭背景的等价交换，不费吹灰之力。就算有人真的凭借一己之力成为个中翘楚，也是可以被别人一句“命好”就轻易抹杀了的。

大概这也是马东必然去面对和抗争的事情。曾与马东一起搭档过《奇葩说》的蔡康永说马东不愿提起自己的父亲，马季在录制《康熙来了》节目的时候也从来没有说过他儿子。马东在节目里被逼无奈必须讲讲家里事情的时候，说的也还是妈妈买包这样的小事。

看过马东节目的人，都觉得他是通透的。这种通透绝不是自小养尊处优便能从天而降的，他洞悉人情，练达世事，挤对别人也自嘲自黑，他说自己底色悲凉却仍嬉笑怒骂，他中规中矩了几十年却在所谓“知天命”的岁数割了眼袋、穿着裙子带领一群“90后”主宰了时代脉搏。

无疑，屏幕上的马东是个讨喜的、极具个人魅力与思辨能力的人，如果说他说话的技巧来自于基因与家庭环境的耳濡目染，那他的人生态度与处世哲学则蕴藏着其人生每一个自主选择的轨迹。

摆脱父亲的光环

在许知远主持的访谈节目《十三邀》里，马东说他小学上到五年级，父亲只开过一次家长会。他于1968年出生在黑龙江省哈尔滨市。那几年，相声在大时代下经历着前所未有的变迁，从发展期到动荡期，在特殊的时代里，出现了一批有着时代痕迹的经典作品。显然，那时的马季先生正值事业的上升期，无比繁忙。

马东的童年虽然少了父亲的疼爱，但也多了释放天性的机会，许知远说这就是“放养”。然而被放养的马东，并没有能够借着父亲的威名得到什么实惠。

他在《奇葩说》里曾经说过，小朋友们的保留节目之一就是放学之后，把他带到角落里，按着他的脑袋让他“说一段”。觉得被欺负了的马东，第二天跑到老师那里去告状，然而老师叫来了整个办公室的同事一同围观，请他开始他的表演。虽然这件事是真是假无从考证，但是摆脱父亲的光环，大概是从他那个时候就已经逐渐萌芽了的人生目标。

因此，马东一成年就跑到了澳大利亚，一待就是8年。他回忆起自己的那几年，浮出的基调是“悲惨”。18岁的他第一次见识到了世界的繁华，也真的意识到了普通人生活里的艰难。20世纪80年代，能够真的“走出去”的人寥寥无几，一部电视剧《北京人在纽约》历数了当时留学生的种种不堪。他说，那个时候，最有钱的是日本留学生，然后是中国香港、中国台湾的，中国大陆去的是这根链条的最底端。

为了赚钱，他将能打的工做了个遍，刷盘子，揉皮子，无所不做。打工之外，还要想方设法地省钱。刚到国外的时候，他的头发留得很长，因为可以省下一笔理发的费用，后来才知道理发店的实习生能以很低的价格接单，但是剪坏的后果需理发者自负。

至今回忆起那段日子，他说，悉尼的美是他感受不到的，因为印象里悉尼所有和他相关的也无非“落魄”两个字。后来在主持节目时，总能采访到进城打工的民工，他每每都能从他们身上看到那时的自己，那是被边缘化的、被区别对待的一个缩影。

然而再艰难、再屈辱，他也还是依靠着双手独自讨生活，直至学成归来，那一年他26岁。

回到家的马东却突然迷茫了起来，他不知道自己这么多年的积累到底该如何施展。自己的父亲在相声圈子里浸染了一辈子，马东明白这个行业的艰辛与不易。自古作艺之人便自以为是“无福之人伺候人”，至今还能在相声艺术里看到自轻自贱以娱宾客的影子。要吃这碗饭，除了天赋、努力，还有太多要承受的委屈。

与其说是父亲觉得马东“不是这块料”，还不如说是不忍他如此一生。虽然那时马季先生怎么也没想到，未来46岁的马东会在《奇葩说》上说起“群口相声”。与相声无缘的马东于是去报考北京电影学院，并且一举中第。

毕业之后的马东以30岁的高龄正式成了一名主持人。从《有话好说》到《挑战主持人》，从湖南到北京，从普通主持人到春晚导演，马东虽不是步步为营喊打喊杀，但偏偏能顺风顺水平步青云。

当时正值传统媒体的黄金时期，所有的话语权都掌握在媒体手里。《挑战主持人》是马东接触的第一个综艺类节目，那是一档要在全国各地选拔怀揣主持人梦想的青年才俊，并以竞争为核心看点的节目。但综艺是什么，当时谁都没有概念，主持风格正经而严肃的马东更是没底，他曾经想过放弃，但是领导坚决不批，他也只能摸着石头过河。

正是在这个节目中，他第一次思索，到底什么是娱乐，什么是节目，观众到底想要看什么？随着节目一期期地做下来，答案也渐渐浮出水面：价值观的冲突会自然产生内容，但观众不够专业，所以他们想看的不是选手业务上多熟练，功底多扎实，他们只想看谁性格更讨喜，才艺更突出。所以，这档节目做到最后，也变成了主持人的才艺和人缘的比拼，至于其他都不再是评判标准。

摸清了这一规律并得到了反复的验证之后，马东终于在自媒体时代风起云涌之时，下了传统媒体这趟车。他早已在央视把自己能做的都做了，而精彩纷呈的外部世界实在让他好奇不已。他不假思索，抛弃了多少人艳羡的铁饭碗，也抛弃了自己一点一滴积累下的功业。用马东自己的话说，他是一个在不停折腾的人，正是人生经历中的多次清零，才让他有机会在每一个时代的洪流中紧紧抓住自己的命运。

“早早就活明白了”

在“爱奇艺”的三年，于马东来说，是蛰伏，是过渡。他观察着、尝试着、学习着，反复推敲着属于这个时代的年轻人究竟需要什么。他从来都不是文化的拥趸者，固守已有的精神与传统，看着时代的变迁而捶胸顿足；他更像一个实验者，饶有兴趣地试探着这个世界的种种属性与边界。

世界于他而言更像游乐场，只是他玩得比谁都认真。

正如蔡康永说，马东是一个不怎么把自己当回事的人。因为他不需要得到这个时代的认可，他只是想要制定某种规则，然后小心翼翼地求证。当他看清楚年轻人需要什么的时候，他又毅然决然地离开了“爱奇艺”，自己创业做了《奇葩说》，结果一炮而红。

在马东的认知里，历史是重复的，时代是变迁的，而属于这个时代最鲜明的特点就是技术的进步。当媒体的属性放之于大众，给固有的规则和理论换上一件新衣服，它们依然光彩夺目。正在成长的年轻人，他们的阅历和认知还没有涉及这些理论，每一条用他们接受的方式展现出来时，对他们来说都是醍醐灌顶的。《奇葩说》辩手颜如晶和肖骁说他是商人，因为年轻人的钱太好赚了。《奇葩说》的定位相当鲜明，第一季中那句“60后请在90后的陪同下观看”就是马东想出来的，他也只想做给年轻人看。

事实证明，马东是对的。当他穿着小裙子厚脸皮地推销广告，玩世不恭地伴着蔡康永和高晓松出现在“米未传媒”的第一个节目现场时，属于他的时代真正来临了。

《奇葩说》第一季创下了豆瓣评分9.1的好成绩，此后《饭局的诱惑》《乐队的夏天》接踵而来，而“米未传媒”也在2016年获得A轮融资，估值20亿元。

面对摄像机，他可以和一帮90后游刃有余地插科打诨，也可以唇枪舌剑，笑里藏刀，语不惊人死不休。蔡康永、高晓松、金星、罗振宇……无论搭档是谁，他都能控住全场，圆润和谐没有一点突兀。因为无论嘉宾是谁，现场风格都会成为“马东式”的。

郭德纲曾评价马东，说他“早早就活明白了”。

正是因为活得明白，马东的睿智与狡黠才会隐藏在谦逊之下。这谦逊并非出于客套，而是他真的认为世间万物也“不过如此”。所以，当别人给《奇葩说》高度评价，赞其拓宽知识边界时，马东只是回答“我们只是想做个娱乐节目”。而这娱乐节目在他的心里，与穿越时代历练的莎士比亚的戏剧带给人们的影响并没有区别——都是当时当代的娱乐方式，至于能不能永恒，是要留给后人评说的。

无论在《奇葩说》上频频制造金句，还是在《饭局的诱惑》里认真地玩着游戏，抑或是在《乐队的夏天》里当个狂热的“音痴”，马东已不再是那个穿着西装，说着一本正经的话，小心翼翼的主持人了。他终于走出了父亲的光环，站在了自己一手创建的理想国里挥斥方遒。只是很难说哪个是真正的他，说话只是他的职业，说的犀利和温柔只是他想要给你看的，马东的智慧应该远远不止于此。

他是一个时刻警醒着的人，用与人亲近的技能坚守着自己的清高。正如《每日人物》对他的评价：如今的时代，不缺汲汲于成功的人，也不缺哗众取宠的人，但缺既能开疆辟土又能守得住自我的人——但愿在以后，马东这样的人，不会是孤例。

没有一个节目不焦虑

自2007年首个网络节目诞生以来，“网综”便有如破竹一般呈现出井喷之势。到了2015年，时任“爱奇艺”首席内容官的马东断言，“纯网综艺黄金时代已经到来”。

他身体力行，几个月后毅然辞职，一头扎进了互联网内容领域，自创的公司“米未传媒”凭借横空出世的网综《奇葩说》的优良战绩，一鸣惊人。

虽然一开始网综市场蓬勃发展，但如何做出一个网综大IP，依然是彼时很多蜂拥而至的网络内容公司苦苦探索却不得其法的关键核心。原生力量不足，无先例可借鉴，搬运复制如何本土化，始终困扰着初代的网综策划者们。《奇葩说》也不是唯一成功的头部网综，没过多久，中国网综环境就迅速成熟起来。

从开始只有两三档节目的争奇斗艳，到一年上百档网综的眼花缭乱，且技术成熟、类型多元。从婚恋到育儿、竞技到挑战、选秀到生活方式，网综自我更迭与换代的步伐越来越快，也培养出了口味日益“刁钻”的观众。

在这样一个环境之下，没有一个节目不焦虑。今天还风光无两，明天就跌下神坛苟延残喘，网综与偶像的被推崇与被遗弃可能就在转瞬之间。观众在成长，市场在变化，如何躲过“审美疲劳”，是每一档节目尤其是N代网综刻在骨子里的焦虑。

内容市场上流行着一条铁律：前5%是顶级内容，15%是优秀内容，剩下的80%是其他内容。从《奇葩说》《黑白星球》《饭局的诱惑》到《奇葩大会》再到《乐队的夏天》，马东和“米未传媒”一路走来没少折腾，尽管并非百发百中，但至少5年的时间就拥有《奇葩说》和《乐队的夏天》两档王牌综艺，总有一些东西是他们锲而不舍坚持出来的。

另辟蹊径，打造差异化

马东总是喜欢说：“做内容的人，一定要对传播方式保持极其敏感的神经，才不会被市场淘汰。”其实不只是传播方式，看过“米未”节目的人就知道，他们在各个方面都保持着个性与新鲜感，大到节目定位，小到每一帧视频剪辑——他们的用户画像精准且耻于同质化严重的粗制滥造，另辟蹊径与打造差异化是他们身上的第一个标签。

在《奇葩说》之前，中国的综艺身上还有传统的味道：追求正面的形象和人设，边界和壁垒分明，对个性的包容性较小。《奇葩说》旨在寻找华人华语世界中观点独特、口才出众的“最会说话的人”，打破了人们对综艺的刻板印象。不仅每一个参赛选手个性张扬，实力雄厚，而且辩题的设计也都别出心裁，易引发共鸣。

同时，《奇葩说》还打破了网络自制节目“简单粗陋”的刻板印象，以超高的品质获得了电视综艺圈的认可。马东认为，内容创作是个笨功夫，比如呈现出热热闹闹的节目效果背后，是剪辑和后期一帧一帧做出来的，每一个观点、每一个桥段都要靠时间来打磨。现场激烈的辩论和对抗很容易失控和出格，而最终的效果既要呈现给观众价值观的冲突，又不能违反公序良俗，这也要靠后期把控。

正是因为个性与品质，在《奇葩说》之前，以说话为主的节目类型只有演说和脱口秀等为数不多的模式。首播上线两个小时后，《奇葩说》总播放量就已突破百万，微博热门话题榜近亿次阅读量，成为第一档超越电视综艺的网综节目。

同样的，《乐队的夏天》也切中了独立音乐人与地下乐队的小众情怀，将与流行乐与歌星完全不同的一群人搬到了荧幕上。播出第一期，豆瓣评分已达8.7。在此之前，很多电视台和网络平台都试图做过乐队节目，但无一成功。乐队综艺虽然是蓝海，本身却属于亚文化领域，将其商业化始终存在难度。随着小众文化越来越普及，电音和街舞都有了前车之鉴，观众能够主动选择，享受被贴小众标签，乐队也就有了环境和氛围。

定位乐队文化的关键是在商业化与独立性之间达到平衡。《乐队的夏天》用的是超高水准的舞美设备，比很多音乐节还要高端，加上北京奥运会开幕式的音响工程师的加入，质量与专业程度有了保障；尊重乐队与音乐类型的原生态风格，不扭曲不做作，乐队文化个性鲜明；保留了《奇葩说》《吐槽大会》等语言节目的风格，“自黑，怼人”，不断涌现时尚的金句。

参加《乐队的夏天》的乐队，既有江湖“老炮”，也有组合训练生，还有原生态的新生力量。把这些人放在一起，想要观感融洽就需要独特的赛制作为黏合剂。《乐队的夏天》虽然有淘汰赛制，但并没有导师之类的裁判来一评高下，是根据大众的喜好选出HOT5。这样温柔的规则更像一场欢宴，没有对垂直内容的专业化解构，只有乐迷的自嗨。

在《乐队的夏天》之前，乐队和其他亚文化一样，在不少观众的眼中存在着误解，生存状态不容乐观。面对携带乐器的多位成员，演出主办方要付出的成本是一名歌手的数倍，所以乐队成员的演出酬劳并不会随着现场观看人数的增长而提高。除去日常成本支出，成员的演出费用其实是相当微薄的。但在《乐队的夏天》之后，各支参演乐队的商演价格都在攀升，“新裤子乐队”的微博粉丝数量从节目刚开始不到10万激增至100万。

《乐队的夏天》虽然本质也是一档歌唱综艺，但其节目定位在于，聚焦小众领域，以独特的手法将其大众化，同时网罗这个领域具备张扬个性的人群，展现引起共鸣的实力。

不止这两档节目，《饭局的诱惑》也是把不可能的桌游做成了节目。“明星饭局”与“狼人杀”两个部分被串联起来，到第三期的时候，播放量已达9500万。明星八卦、临场发挥的智商与演技，都成为流量来源。并且该节目大胆尝试了“直播+点播”的方式，做点播因为剪辑与后期视觉效果优秀，但直播的连贯性也更接近年轻人的口味。依旧为了防止审美疲劳，游戏环节的规则也不断变化，时时刻刻以年轻观众的需求为基础进行调整。

“米未传媒”经历了刀兵四起的自媒体时代，依然保持着敏锐的嗅觉，始终游走在各个边界，寻找风格各异的领域来扩充自己的版图。

对着自己猛下刀子

《奇葩说》并非没有遭遇过“中年危机”。到第四季时数据和口碑均开始下滑，综艺审美疲劳的乌云也一样朝着“米未传媒”压顶而来。嘉宾老旧、辩题平淡等问题纷沓而至，除市场上各种类型的综艺此起彼伏外，短视频、明星直播也在大行其道，《奇葩说》“头部内容”的皇冠已经摇摇欲坠。

韩国顶级制作人罗英锡曾说，“好的节目必须满足以下三个条件才能被创造出来：第一是创新，其次要有趣，最后更要有意义。但问题是，这三个元素所占的比重不完全一样。在这三者之中，最重要的、最优先的元素就是‘必须是创新的’，至少要有一个小地方是新的，观众才会开始感兴趣”。每一个“不过五”的N代综艺都是因为将观众的新鲜感消费殆尽之后就无力回天了，这是国内综艺的集体困境。

在生死存亡之间，第五季的《奇葩说》开启了断尾式的自救：调换导师，新人入局，赛制更改。其中1对1辩论、开杠赛、30秒求生欲的赛制个个残酷，这意味着“新老奇葩”都要下场，每一个人从零开始。经历了这样的“生死劫”，《奇葩说》第五季的流量数据比第四季整整翻了一番还多，节目上线中段就已完成了商务上的“KPI”。

但这样的成绩并没有让他们松懈半分，因为流量虽然翻身了，但口碑却依然如旧。于是在第六季中，他们继续给自己加杠：导师要下场亲自带队打辩论；“新奇葩”比例过半且“三教九流”，从抖音网红到电影导演、从学霸到嘻哈歌手、从公司老板到外国留学生，人人摩拳擦掌，拼死以搏。

因为在第六季节目海报中，赫然写着“没有人是安全的”，这不只是写给选手和观众，也是“米未传媒”用来时刻扎在自己大腿上的那把锥子。当第六季开播时，与《奇葩说》相关的11个话题登上热搜，豆瓣开播8.6

分，《奇葩说》终于在第五季成功上岸，在第六季渐入佳境。

所以，“创新”这个词语放到什么时代都不会陈旧，但是否具备“刮骨疗毒”的勇气和“对症下药”的敏锐才是网综的关键。在《奇葩说》第五季时，不乏亿级流量网综，广告商也早已躁动不安，甚至节目内部也出现了选手之间的纠纷。本该焦头烂额的节目组硬是提着一口气大刀阔斧地对着自己猛下刀子，当腐肉逐一而下，焕然一新的《奇葩说》也终于打破了“爆款网综不过第五季”的魔咒。

对马东和“米未”来说，他们一开始就知道不能停下脚步，知道面对挫折和焦虑要接受且积极应对。在瞬息万变的背景下，不断自我创新与突破是能在这场血雨腥风的杀伐中争得一席之地的唯一路径。

《奇葩说》是“米未”的开始，《乐队的夏天》是“米未”的过去，成绩再辉煌，都只不过是一张奖状。正如《奇葩说》和《乐队的夏天》的总制片说的那样，“做综艺公司的宿命，就是一个接一个地做，永不停歇地做下一部”。披荆斩棘的“米未”会一直在路上。

只有经典，没有权威

马东从拿起话筒的那一刻起，就和他父亲一样，这一辈子都注定成为一个制造内容的人，那么内容到底该怎么制作？马东有他自己的一套理论。

他认为，内容不是被创作出来的，而是本来就源于人心，有人总结表达了出来就达成了解决大家焦虑的一个途径。尽管这个总结表达的行为，可能本身只是创作者的一个冲动，他最开始的目的也只是解决自己的焦虑。是不是一个好的作品，要看它在多大程度上在几个维度上引起共鸣，且影响时间有多长。

从古老壁画到现代的所有娱乐和艺术，他们的本质都是如此：娱人或者娱己。把这种内容挖掘打磨包装一番的过程就是内容经济，但要做内容经济就要分清消费者的需求或者说焦虑是表面的还是潜在的，表面需求容易达到但未必真实，将潜在需求表面化才是文化产品生产的核心。

《爸爸去哪儿》是育儿焦虑，《非诚勿扰》是两性及家庭价值观冲突的焦虑，《奇葩说》则定位于认知焦虑，展示一个问题的多面性，且诸多答案之中不存在对错就是它的核心。

马东认为，内容产品只有经典没有权威，因为内容上的成功牵涉到太多的因素，且难以复制，是天时地利人和的偶然。他说，《奇葩说》的诞生就是源于他和高晓松的一次酒后争执，然后确立了做辩论节目的想法。搭载着导演团队色彩斑斓的主基调，以及马薇薇、黄执中这类资深辩者，和肖骁、范湉湉这种先天“妖精”，才有了《奇葩说》的成功。

但内容行业的特殊性在于如何一直保持新鲜感，持续产出新颖又精准的内容原创。一旦没有答案就一定会面临危机。《奇葩说》连广告都是与场景融合的，洗脑的口播代替了传统广告正襟危坐的形象，从平面过渡到了流媒体。

同样是“马东牌”的《黑白星球》却遭遇滑铁卢，观众不埋单，内部不看好，投资人不认账，一度陷入尴尬，终于在播出一档后不得不停下来重整节目方向。对此马东却并不意外：“就像去海上捞鱼，鱼都藏在水下面，海又那么大，怎么捞？得通过技术手段、以往经验知道鱼群大概在哪儿，然后下网。下网也未必捞得到，鱼群会动会变，剩下的就要看你的运气了。商业、内容创作永远处在动态博弈当中，博弈里面最重要的东西是概率论，我们在做的就是让自己的行为变成一个收益概率相对较大的事件。”

做网制内容，丰富经验、独到眼光必不可少，但内容产品的成功并非存在公式，马东说：“其实互联网产品就是这样的，不要怕试错，不要担心用户否定，重要的是一定要先冲，冲出去再调整。”

这个动态也包括迭代的迅速，在马东看来，现在做内容是要以5年、10年为一个变迁单位，在每个小时代中追逐到流行趋势，捕捉到受众群体的表达优势，站在“金字塔”上大概20%的位置，就可以实现盈利。

但做公司与做内容是两回事，内容的存续只是一个短周期的状态，但公司是需要持续产出的。在“米未”成立之初，马东就决定了不做制作公司，因为制作公司的利润有明确的天花板，挣的还是中间环节的辛苦钱。内容公司的IP也必须是自有的才有价值，他说行业里有很多购买国外产品的行为，但这是虚假的繁荣，只有自己手里有产品才能有衍生和开发的前提。

娱乐说到底，是人类的基本需求，也是社会的重要组成部分，是先有娱乐而后沉淀出了文化和艺术。我们这个时代的内容经济有强大的技术作为支撑，传播手段的进步和效率的提高都让它看起来更多元。从龟甲、竹简、纸张到电子屏幕，脚步越来越快，以后，娱乐会借助于更多的技术手段解决用户和自己的焦虑，以更丰富的形式悦己悦人。

马东说，我们这个时代，更像唐代，为了获取资源不断进行商业拓展，但不久的将来，我们的文化会更注重品质，关心内心需求，更像今天的日本和从前的宋代。

（刘鉴漪　文）

第 3 章 >>

薛兆丰，学者创富代表，网红教授与成功商人

1963年8月28日，马丁·路德·金在华盛顿林肯纪念堂发表了一篇关于黑人种族平等的演说*I Have A Dream*。如果他活到现在，他一定想不到，他的这个内心深处的呐喊竟成为世界上最伟大的演讲之一；他更想不到，这个自由宣言还有一个朴素可爱的中国版本：如果14亿中国人每人给我一块钱，那我就成亿万富翁了。

他肯定还想不到，这个看似很难实现的白日梦，有一天会被一个叫薛兆丰的中年人曲线实现了。

薛兆丰，一个在北大教书的学者。2017年，利用业余时间在一个叫“得到”的知识付费App开设了专栏《薛兆丰的经济学课》。截至2020年6月16日，这个专栏的订阅量超过50万人，在该App内排名第一。薛兆丰创造出全球最大的经济学课堂。同时，按照每份199元的价格来算，该专栏带来的营收接近1个亿，薛兆丰也被网友称为“最会挣钱的教授”。

不仅如此，出版畅销书跻身作家富豪榜，参加综艺节目意外成“网红教授”，做客直播带货65000册图书秒光……不断跨界的同时，薛兆丰也成为中国学者“造富史”上靠知识变现成功的代表人物。

从三尺讲台走向手机屏幕

广东，这片17.97万平方公里的岭南热土，从林则徐到康有为、梁启超，再到孙中山，潮起潮落的珠江水，孕育出一波波敢闯敢试、敢为天下先的弄潮儿。

薛兆丰就是广东人，本科毕业于深圳大学应用数学系，之后获得乔治·梅森大学经济学博士学位，美国西北大学博士后，之后于2010年进入北大国家发展研究院工作。与林毅夫等北大同仁相比，薛兆丰的教育背景并不算太亮眼，但他却很“不安分”。

很多学者围绕着申请科研项目、核心期刊发文数量、教学量、评职称等苦心经营，然而薛兆丰并不甘心沉浸在封闭的学术圈。三尺讲台之外，他更醉心于跨越经济学与大众之间的鸿沟，对生活中的各种问题，从经济学角度给出合理解释。

1997年，在“新浪”“搜狐”“腾讯”等门户网站还未出世时，薛兆丰就先行一步，创立了个人网站“制度主义时代”，推广与真实世界密切相关的经济分析原理。他还在《南方周末》《书城》和《21世纪经济报道》等媒体开辟专栏，持续帮助读者理解日常现象背后的经济逻辑。

随着移动互联网时代的到来，薛兆丰终于迎来了属于自己的机会。2017年，知识付费领域爆发的第二年，浪潮继续汹涌前行。“得到”的创始人罗振宇邀请薛兆丰开设专栏，但被他拒绝了。日更的频率，加上单期准备时间过长，对于一个快50岁的中年教授来说，工作量确实有些难扛。

但知识本不应该处江湖之远、居庙堂之高，为什么不试试呢？后来罗振宇又在某次见面时旧事重提，这次，薛兆丰接受了。

接地气就是吸粉利器，这是薛兆丰开设《薛兆丰的经济学课》时贯穿始终的一大原则。他结合时下热点，让原本高高在上、看起来枯燥无味的经济学，瞬间变得浅显易懂。

本以为就是一个普通的专栏，出乎他意料的是，《薛兆丰的经济学课》上线后，短短两个月的时间，订阅量超10万，并持续飞速上升。

更让他想不通的是，自己默默无闻写了20多年报纸专栏，最后却用一年多的时间成为排名第一的“得到”知识大咖，并开始走向财务自由。

这个经济学问题，一时把这位经济学家难住了。

深陷舆论质疑，从北大离职

随着专栏销量火爆，“网红经济学家”薛兆丰名气越来越大的同时，舆论四起。

薛兆丰同事唐方方公开质疑薛兆丰的学术水平，并指出薛兆丰算不上北大教授，却打着北大的旗号售卖课程，误导用户。另一位北大同仁汪丁丁更是撰文《为什么付费买到的只能是三流知识？》，指出一流知识永远是免费的，这篇文章被网友猜测是质疑薛兆丰。

汪丁丁们对薛兆丰的质疑，也反映了当下学术圈的一个困境，即高校学者有无必要进行大众化表达的专业科普？一流学者的回答是肯定的。诺贝尔经济学奖获得者米尔顿·弗里德曼曾开设报纸专栏，主持电视节目；著名物理学家霍金曾客串《生活大爆炸》，并为后者颁发科学传播奖。

国内同样如此。早在2016年中央就发文，允许科研人员和教师依法依规适度兼职兼薪，以进一步打开人才流动“旋转门”。所以，大学教授通过学问赢得市场，靠知识服务赚钱无可厚非。

而且，优质知识产品的生产能力也日渐成为市场对学者价值的一大衡量标准。对于薛兆丰的“爆款”专栏，《人民日报》微博曾点赞鼓励，“在小鲜肉动辄几千万的片酬面前，终于有一位教授证明了知识的价值”。

面对外界嘈杂的声音，薛兆丰在体制与更广阔的世界之间，选择了后者。2018年，他从北京大学国家发展研究院离职。“我觉得普通大众缺一个改变认知的通道，我也缺一个进行经济学教学实验的平台和机会”，薛兆丰如是说。

转战出版，跻身作家富豪榜

失去北大光环的薛兆丰，还能走多远？“知识个体户”薛兆丰又有了新主意。2018年6月，薛兆丰趁热打铁，在专栏内容的基础上，精选代表性内容，六易其稿后，推出了新书《薛兆丰经济学讲义》，致力于帮助普通人构建地道的经济学思维。

在图书的推广上，薛兆丰另辟蹊径，将新书首发的地点选在了北京的三源里菜市场。发布会现场，“肉铺的灯光为什么是红色的”“海鲜摊为什么在菜市场中间”等写有经济学提问的路牌随处可见。

这次发布会通过“菜市场+经济学+北大教授”的组合刷屏网络的同时，也瞬间抓住了诸多读者的眼球。

“菜市场解决民生问题。这里的每个人可能没有学过经济学，但他们每天都在应用经济学原理。”薛兆丰表示希望通过菜市场，引导人们在日常生活中挖掘经济学的乐趣。

除了发布形式吸引眼球，这本书的内容也一如既往地成为“爆款”。截至2020年6月17日，这本书的豆瓣评分达到8.4分。一位网友的评价或许揭开了高分的奥秘：“现代知识分子的任务就是将束之高阁的知识体系生活化，薛教授做到了。新晋男神一枚！”

然而，这本书给薛兆丰带来的不只高涨的人气，还有更多财务自由的底气。在《华西都市报》“大星文化”发布的2019第13届作家富豪榜上，在满是小说和青春文学作者的榜单中，薛兆丰凭借《薛兆丰经济学讲义》一书的300万版税收入，跻身榜单第33名。

从手机屏幕误入娱乐圈

长期主义绝不是一条胡同走到黑，而是找不同的平台长期发挥自己的能量。薛兆丰也表示，“经济学应该回归到生活中去，传播者应该适应时代传播的变化”。

“得到”专栏让薛兆丰一炮而红后，短短一年的时间，薛兆丰就再次迎来了高光时刻，这次他的战场辗转到了综艺节目。

2018年，薛兆丰参与录制《奇葩说》第五季。一个严肃的经济学家，要去一个不“正经”的综艺？对于这种表面的违和，薛兆丰自己也坦承，“来《奇葩说》挺冒险的”。

然而网友们的点赞给了薛兆丰答案。“一开始我以为他会很尬，现在真香啊！”“彻彻底底地从现实出发，是我最容易接受的角度。”

让薛兆丰疑虑但也是让粉丝们认可的恰好是他的本色出演。凭借经济学家的理性浪漫，薛兆丰拆解各类辩题，大量圈粉，成功出道。比如论题“感兴趣的工作996，我要不要886”，薛兆丰直言，“每一个人，每一个时候，都是在为自己的简历打工”。

不只如此，节目里，不管什么风格的话题，他都能见招拆招，用经济学娓娓道来。“得到”创始人罗振宇称赞他是为数不多真的能把话说明白的经济学家。加入《奇葩说》后，薛兆丰也惊喜地发现，自己在知识服务变现的同时，找到了另一个向大众科普经济学的路径。

此外，在“买它买它买它”带动的直播热潮下，薛兆丰2020年1月走进薇娅直播间。薛兆丰的到来，不仅让薇娅的直播间秒变经济学“小课堂”，他直播代言的《薛兆丰经济学讲义》更是瞬间销售了65000册。

2020年5月，他从辩论场又转战脑力竞赛场，担任江苏卫视《最强大脑》的领队。薛兆丰一直在尝试，一直在破圈……

前段时间刷屏的《后浪》视频，国家一级演员何冰认可、赞美与寄语年轻一代："你们有幸遇见这样的时代，但时代更有幸遇见这样的你们。你们正在把经典的变成流行的，把学术的变成大众的。""后浪"薛兆丰也在用老派而又浪漫的方式，引领经济学普及大潮。在此过程中，从经济学者向商人转变的薛兆丰面前的世界，也更加宽阔。

"如果我能让每个人都觉得经济学挺有趣的，那我就是人生赢家"，薛兆丰如是说。

学者如何知识"创富"

1978年改革开放以来，中国的"创富"速度震惊全球。在一轮轮的创富潮中，一些眼光敏锐的人物抓住有利的经济环境，屡屡创造了财富传奇。从最早的个体户、价格双轨制时代的"倒爷"、乡镇企业老板，到房地产商和矿业老板，再到互联网新经济创业者，那些一步步踩上风口的人，创造财富的速度远超想象。

在高手如云的经济学者里，为什么薛兆丰能通过知识从容“恰饭”？要解开这个困惑，就必须搞懂以下问题：薛兆丰是怎么给自己定位的？他又是如何打通大众化表达的“任督二脉”？他如何意外捞到“第一桶金”？他又是如何持续变现的？薛兆丰的第二增长曲线在哪里？

杰克·特劳特，一位被摩根士丹利推崇为高于迈克尔·波特的营销战略家，在《定位》中指出，竞争激烈的时代，企业要么差异化生存，要么无差异化而逐渐消亡。其实不只企业，定位对个人来说也至关重要。

对于传道授业解惑的薛兆丰来说，经济学还有哪些新机会？薛兆丰看到了“科普”两个字，他用“经济学科普化布道者”来定位自己恰如其分。他如此形容自己主要着眼于三个原因。

一来，经济学成显学，却显然不好学。在当今信息爆炸的时代，对于非科班专业的大众来说，很少有人静下心来抱着一本经济学大块头读物学习。这给了薛兆丰弯道超车的机会。

二来，高校缺乏面对普通民众的内容产品交易市场。传统高校学者更多通过讲课、演讲等传统方式输出内容，各种MBA、EMBA、企业家培训课程班动辄数十万元。在目前的环境下，缺乏普惠式、低价的内容产品交易市场，也很难实现面向大众科普经济学的愿景。薛兆丰需要一个更大的平台进行普惠式的经济学布道。

三来，转型压力驱动薛兆丰向外生长。在高校中，薛兆丰这种科普型选手处于教育鄙视链下端，逆袭成本较高。毕竟薛兆丰在北大时，他的影响力更多停留在学术圈这块“一亩三分地”，外界有多少人听说过他？并不多。

作为个人人生企业的CEO，薛兆丰以普惠式的经济学布道者的形象，驶入知识服务的无人区，尝试突破天花板。

打通大众化表达的“任督二脉”

中国传统的学者，大多囿于学术规范思维，并不适应互联网时代的传播话语体系，也难以称得上是合格的通俗知识服务者。在此背景下，薛兆丰如何打通大众化表达的“任督二脉”？

一方面是持续探索，不断输出，不断蓄能。《波的叠加》一书写道，波的叠加的能量非常巨大，叠加次数越多，能量越强大。

建立个人网站、出版书籍、写媒体专栏、玩微博等，薛兆丰孜孜不倦地探索信息技术革新浪潮时，也触及大量真实的终端用户需求，这也为其后续精准输出知识，并将其包装成有市场需求的产品提供了可能。

同时，薛兆丰的这些动作，在经济学科普这个频率下共振，其叠加的能量也在不断变大，直到在“得到”App上开专栏，薛兆丰迎来了属于自己的高光时刻。

另一方面是高校教师也要有产品思维。梁宁《产品思维30讲》开篇即指出，产品能力是人生的一个底层能力。她认为，产品能力就是一个人判断信息，抓住要点，整合有限的资源，把自己的价值打包成一个产品向世界交付，并且获得回报的能力。

不同于娱乐内容，由于用户更多以理性维度来衡量知识类的内容价值，故知识服务类的产品质量需不断打磨并迭代优化，沉浸互联网输出多年的薛兆丰深谙于此并做到了这一点。

“顺为资本”投资合伙人周航曾撰文《我们为什么干不过薛兆丰》，反思同样以普及经济学知识为使命，聚集了诸多专家学者的人文经济学会，用6年时间做的免费讲座和文章，鲜有人知。薛兆丰却用一年多时间，以199元的价格却更好地消解了经济学的神秘感。一个重要原因就在于，薛兆丰更擅长从用户出发设计打磨产品，在此过程中，顺道把“知识就是财富”的愿景照进了现实。

如何捞到知识变现“第一桶金”

小米创始人雷军曾说：“只要站在风口，猪都能飞起来。”随着不断切换的风口来到知识付费，薛兆丰走上了一条与主流高校学者截然不同的道路。凭借《薛兆丰的经济学课》这一专栏，薛兆丰营收近亿，实现了向商人的成功转型。他做对了什么？

一是赶上了知识付费的热潮。经济学者管清友指出，随着新中产崛起和消费升级，大众的知识消费也在升级，“现在不缺好的渠道，但缺精品内容”。《2019中国知识服务重要产业趋势报告》也指出，47%的用户认为对于有价值的内容，给予提供者合理的报酬是应当的。

薛兆丰从20世纪90年代就开始普及经济学，默默坚持了十几年，在快50岁知天命的年纪，抓住了全民学习、知识付费的浪潮。他让冰山下的“经济学冷知识”浮出水面，改变了民众思维，也改变了自己的财富状况。

二是押中了经济学这条大赛道。伴随中国经济的高速增长，经济学逐渐成为显学，民众柴米油盐背后，总会涉及钱，但其中蕴含的经济学原理又很难理解。帮助普通民众认识经济学这个“最熟悉的陌生人”，成为一门好生意。

三是平台的加持。放在2020年，任何一个财经专业人士提供同样的素材，或许也能满足民众对经济学的科普需求。然而在2017年，专业的财经内容生产者较少，早期的知识付费平台更像是薛兆丰等头部生产者的变现专属通道。于是乎，命运的剧本交到了薛兆丰的手上，他通俗易懂的术语，加上头部知识付费平台"得到"的大力推广，以及北大的品牌背书，大大放大了用户对薛兆丰的关注。

如何持续获得商业机会

从"得到"专栏发家后，薛兆丰并未止步，畅销书、热门综艺、尝鲜直播……薛兆丰不断跨界的同时，也在持续为大家解读生活中的经济学。

为什么薛兆丰能持续获得各路资本、合作方的青睐？这里面有两个重要原因。

一是"游牧心态"，持续追逐"最肥美的草"，不断探索知识变现最高效、成本最低的路径。农耕时代围绕单一平台深耕细作的场景已经离去，网络时代更需要"游牧心态"。从公众号等自媒体平台，到知识付费平台，抖音、快手等短视频平台，再到当下新兴的微信视频号，谁能敏锐捕捉到不同类型媒介市场价值的变化，并迅速做出判断，谁就能实现知识变现。

将新书发布会搬进菜市场；领高校学者风气之先，把《奇葩说》变成经济学科普公开课……薛兆丰作为经济学者中的“后浪”，在屡屡引起热议的同时，也享受着市场对于这些敢于“第一个吃螃蟹的人”的奖赏。

二是以“关卡游戏”的思维对待每个商业机会。除了要有开放的心态迎接新机会，又要把手头的每张牌打好，把当前游戏玩过关，才能进入到下一个机会。比如薛兆丰在“得到”做专栏，他知道要让用户听得懂，所以他砍掉了单纯的专业理论的卖弄；他知道快节奏时代，用户更习惯碎片化学习，所以他抛弃诸多大道理，转而围绕核心知识点，“简单粗暴”地提出问题，并给出解决方案。在“得到”专栏上不断打磨产品，也为他后续出版的《薛兆丰经济学讲义》成为“爆款”、获得丰厚版税收入夯实了基础。

第二增长曲线在哪里

随着公众对精细化的信息服务需求越来越强烈，“知识网红”异军突起，他们使用简洁高效的语言，采用音频、视频、图文等生动清晰的形式，普及专业知识。

薛兆丰作为其中的一员，从“得到”专栏到出版畅销书再到出任《奇葩说》导师，其已经从单纯的知识输出者，发展为品类多元的信息输出者。进入2020年，薛兆丰做客薇娅直播间，体验了65000册图书秒空的销售奇迹；加盟《最强大脑》，担任中国队领队……他从经济学理念出发，不断刷新“出圈”表现。

“新榜”创始人徐达内说：“提供专业意见的内容型网红才是长盛不衰的，也是我们今天谈网红产业真正的价值。”虽然商业机会不断，但是薛兆丰如何找到自己的第二增长曲线？从现实看，并不容易。

从赛道看，当下知识付费似乎春天已去，红利不再。中国产业信息网上的一份《2017年中国知识付费行业规模及未来发展趋势分析》显示，知识付费处于成长期的2017年，获利高，流量红利大，知识付费对内容生产者吸引力较大。截至2017年11月，“得到”平台的付费订阅栏目生产者平均收入高达740万元，其中以薛兆丰为首的5位生产者累计收入超1000万元。

而在2020年，随着越来越多的内容生产者入局行业，网红退去，中国知识付费行业逐渐专业化、垂直化。

专业化上，如“吴晓波频道”“890新商学”不只是吴晓波个人的频道，已成为专业的内容生产组织；再如“罗辑思维”，早已知识生产流水线化。经济学者管清友也表示：“过去单兵作战的时代已经结束，只有靠机构化的打法才能跟上市场对内容的需求。”而薛兆丰目前总体上看依旧处于“单打独斗”的状态。

垂直化上，随着垂直内容逐渐受到用户关注，各大平台也开始探索孵化腰部KOL，这也意味着薛兆丰们面临的竞争更加激烈。

对于薛兆丰来说，后续发力层面，曾经的现象级案例难以复刻，毕竟对于知识更新迭代较慢的经济学来说，短时间内很难持续产出新的爆款。

而网红教授等娱乐化标签，在学术圈和娱乐圈界限明显的国内，对于薛兆丰这样一个缺乏突破性成果傍身的学者而言，客观地说，其学术圈前途不容乐观。

这种情况下，更多依靠存量资源、人气变现的薛兆丰，第二增长曲线在哪里？

变现路上的多元困惑

在第五季《奇葩说》中，马东曾评价道："在我心里，薛教授是这个时代应该有的知识分子的样子。"不可否认，薛兆丰能够放下经济学家的架子，把经济学的基本逻辑讲给普通民众的同时，为自己带来可观的商业营收，这需要一定的本事。从这个角度看，薛兆丰的确是知识变现的榜样人物。

但是正如《中国学者的知识变现与体面》文中所述，市场需要更多的优秀知识分子，生产具有深度的知识产品，但是学者如何在找到适合自己的变现道路的同时，保持尊严？如何实现知识变现与学术研究投入的均衡？毕竟如果有太多的学者变现压力、动力过大，对于高校学生教育、学术研究及国家发展都非幸事。

这些问题，值得深思。

跟薛兆丰学什么

“现代管理学之父”彼得·德鲁克在《后资本主义社会》中指出，下一个社会就是“知识社会”。看到这篇文章的你我正处于浪潮之巅。薛兆丰的案例让我们看到了知识的价值，并刻画了一个从专家学者到知识型商人的转型变现之路。

但是这种路径适用于普通人吗？普通人释放自己无限可能的正确姿势是什么？总结为以下几点。

一是起步时，保持素人思维，把自己当成普通人，别有太多“内心戏”。很多人起步时，不敢转发自己的文章到朋友圈，想开个视频号又怕被领导批评……顾虑太多，始终难以起步。

反观薛兆丰，一个知名经济学家，自爆上《奇葩说》原因时，曾说："我是非常不讨好的一个人，从观点、声音、相貌、表演，但如果我能说出经济学的一些有趣的地方，我觉得哪怕是被人讨厌、被人骂也值得。"正是拆掉了思维里的墙，薛兆丰圈粉无数，并被网友点评为《奇葩说》第五季的一大亮点。

巨大的事物，总有细小的开头。保持素人思维，你没有那么多观众，别怕被人嘲笑，迈出第一步，总有一天你会感激那个勇猛精进的自己。

二是知识输出时，摒弃"学霸"幻想。所谓"学霸"幻想，是指很多普通人在通过各种形式输出自己的专业技能时，将受众幻想成"学霸"，只专注于输出干货，认为自己讲的晦涩难懂，"学霸"受众也能一点就透。

据称，薛兆丰在录专栏时，"得到"专门安排一个经济学零基础的女生，在录制时坐在薛兆丰对面，一旦听不懂马上喊停。真假不能考证，但薛兆丰在专栏里用接地气的语言，让用户明白自己的意思，倒是事实。

三是复业变现，"复业"才能"富业"。很多人的变现能力探索都是从副业开始的，写文章，直播带货，做微商，一对一咨询……然而一味追逐风口、东一榔头西一棒槌的分散式副业，很难建立长期稳定的营收模式，更遑论带来最大利润。

纵观薛兆丰向成功商人的转型，无论是开专栏、出书，还是上综艺节目，都是结合自己的经济学专业优势，这种综合到一起产生的复利效应，叫做“复业”，也是当下人应该思考的“富业”逻辑。

四是夯实人生财富基本盘，变现才能成为一场无限游戏。力不到，不为财。商业咨询顾问刘润表示，一个人的财富基本盘，包括你自己的本事，以及你和其他人连接的本事，而后者是前者的放大器。

一夜爆红的“口红一哥”李佳琦，有6年美妆、3年直播的超强的专业能力打底，而后借助热门平台，收获了权威媒体都无法企及的流量。其他领域的薛兆丰、“罗辑思维”、papi酱等莫不如此。做实做大自己的基本盘，抓住机会，连接优质平台，可以放大并吸引更多同频的人，提升变现效率。

经济学家张维迎表示：“市场就是按照你给别人带来幸福的多少回报你。”刘润也曾说，不管你愿不愿意，你都被卷入了一个“一切皆可经营”“一个人就是一家公司”的时代。把自己当成一个微型企业来经营，在变现的道路上，作为自己的CEO，你给自己打多少分？

（周小杰　文）

第 4 章 >>

林依轮，“跨界多面手”的变现启示录

豆瓣上有一个热门话题：“如果让你和一位明星交换人生，你希望是谁？为什么？”在阅读量已超700W的评论区里，从莱昂纳多到李孝利，从梁朝伟、王菲到欧阳娜娜……国内外当红艺人都在网友的热门交换清单内。

倘若这里还有一位叫林依轮的“过气歌手”，或许也不足为奇。林依轮是谁？“80后”以为他是歌手，“90后”以为他是美食家，“00后”以为他是创业者。

翻看林依轮的“简历”，从红遍大江南北的歌手，到投资房产大赚一笔，到收藏上亿名画，再到创办香飘万家的辣酱品牌……林依轮在以肉眼可见的速度吸金的同时，也在不断跨过时间、越过自己，创造一个个新的可能。

最牛厨师歌手

很多明星出道前都有一段“惊人”的工作经历，如洗碗工张惠妹、清洁工姚晨、理发师刘德华、地产销售迪丽热巴……

但和他们不一样的是，林依轮，这个从歌手起步的明星，在“倒退”干了一段时间厨师后，才蓄力转身并在歌手的舞台上绽放。

在外人看来，林依轮就是一个做明星的料。他的父母都是歌剧演员，在父母的熏陶下，林依轮从小就对音乐感兴趣，15岁就在地方艺术团身兼数职，唱歌、弹吉他、跳舞样样都会。顺其自然，成年后，林依轮成功进入中国唱片总公司广州分公司，只身一人奔赴广州工作。

按照正常的故事情节发展，林依轮应该一步一步从幕后走向前台，走向大众。然而让人大跌眼镜的是，摸爬滚打做了两年歌手后，林依轮辞职了。

世界那么大，林依轮带着淘金梦，去了南美洲的国家玻利维亚。在异国他乡，20岁的林依轮发现自己除了做厨师，什么都干不了。无奈之下，只好到当地一家中餐馆担任砧板工。

虽然常被老板骂，勤奋认真又热情的林依轮却和厨师们打成一片。在后者的传授下，林依轮的厨艺渐长，并升级成了一名厨师。

林依轮的“厨神梦”还没做多久，一次无意间的聚会K歌，朋友们惊喜地发现他唱歌特别好听，为何不回国做一名歌手呢？一语点醒梦中人，想了3天后，林依轮决定辞职，随即再度回国寻找自己的音乐梦。

人生往往比电影还要精彩，也更捉摸不定。1993年的中国，正处于流行乐的风口，尤其是广州歌坛，更是异军突起。同年林依轮推出了进军歌坛的首张专辑《爱情鸟》，没想到一炮而红，这张专辑不仅让他火遍了大江南北，还攒够了买房的钱。

随后林依轮迎来了他作为一名歌手的高光时刻，陆续推出的热曲火爆了整个90年代。他本人荣膺《当代歌坛》杂志1995年度东北亚地区“歌帝”，还成了“春晚”的常客，一人就上过十几次“春晚”。

所以，这就是“隐形富豪”的财富真相？非也，故事才刚刚开始。

收藏名画的亿万身家

在中国人眼中，房产比黄金还保值、增值。谢霆锋商业领域的“第一桶金”来自房产，关之琳赚来的钱是“买房，一套接一套的”，黄晓明更是全国各地大手大脚地买，为父母在青岛购置的别墅更是估值上亿。

同为明星，林依轮在房产投资上的成绩也可圈可点。据网上流传，其中浓墨重彩的一笔，莫过于在21世纪初房地产大潮到来之前，他以每平米9000元的低价，买入北京CBD地段的两栋楼，周杰伦、周笔畅都曾是其租客。靠房产闷声发大财的林依轮，直至现在，还被郭德纲夸赞其有投资眼光。

除了房产，真正使林依轮进阶隐形富豪的，则是艺术品的投资。从20世纪90年代起，林依轮开始关注艺术圈，和很多艺术家成了朋友，并将对方的代表作陆续收入家中。

媒体报道称，他的豪宅堪比艺术博物馆，各个角落里都摆着名画。如其别墅的门厅里摆的是周春芽的《绿狗》，其2007年购入时仅200多万，而2012年同系列作品拍卖价已高达700多万。

对于艺术品，林依轮不只是单纯地买买买，他还会重点考虑不同的作品在家里摆设的位置等。他的做法是多看展，多看书，多和懂行的人交流。

林依轮在艺术品投资上的独到眼光，也使得他周围的好友在买进艺术品时，都会向他“取经”。据称他曾推荐一位朋友以1万美元的价格购入一个年轻艺术家的作品，对方纠结了一段时间还是买入了。谁知刚过半年，就有画廊上门想以2.5万美元的价格收购。

满屋的名画，只是林依轮财富版图的一小部分，据称其有次接受采访时曾表示“收藏预算勿超收入三成”。

财务自由的林依轮，还用再折腾吗？早早退休过上养老式生活不香吗？

转型“酱人”求财

林依轮是一个不安分的人，对他来说，精神自由更多时候似乎比财务自由更重要。

在娱乐圈，厨艺好是一个妥妥的加分项。同为演艺界厨神级人物，谢霆锋凭借《十二道锋味》大量圈粉，黄磊在《向往的生活》中表现出的精湛厨艺也被观众屡屡点赞。

对于林依轮来说，年轻时做“厨子”的经历，帮他磨练了厨艺，并打通了进军美食节目及代言的大门。他参与的节目，从央视的《天天美食》《超级美味》，到收视超2亿的《创食计》《美食美酒带你去旅行》等，不止如此，他还代言浓汤宝、出版美食书籍《林家食铺》，甚至他随便直播的一场家宴，观看量都能达到20万。

林依轮的好厨艺，不仅征服了大众，也收获了各路大咖级崇拜者。据说，出了名难请的画家尹朝阳，破例出关只为了品尝他做的“卤大肠”；知名画家曾梵志，为了心心念念的莲藕汤，给他连打几个电话，最后还送画送古琴；那英、胡歌、王中磊更是林依轮家“蹭饭”的常客；汪涵更表示，想去林依轮家做客都得排队预约。

除了结交名流，会品尝美食、做美食的林依轮，厚积终于到了薄发的时刻，这一次，他把美食变成了商品。

故事源于2012年一次偶然的机会，参观了台湾辣椒大王种植的辣椒后，喜欢琢磨的林依轮开始研究辣椒酱。2014年他推出了自己的品牌“饭爷”，寓意“人是铁，饭是爷”。2016年林依轮正式推出了“饭爷”辣酱，两个小时3万瓶瞬间售罄。

销量火爆的原因中，林依轮的明星效应显然是其中重要的一点，此外还有他的用心。毕竟要把餐桌上的美味变成标准化的产品本身就不容易，何况还要挑战辣酱界的老大——“老干妈”。不同于现有的辣酱产品，从定位上看，林依轮的辣酱不仅香辣下饭，南北方口味通吃，还少盐健康。据说，研发上，为了保证口感，每一瓶辣酱都需3天的工艺才能“出炉”。

念念不忘必有回响，跨界经商的林依轮的“匠心”也逐步得到了大家的认可。2017年，“饭爷”天猫旗舰店交易额突破1000万。截至2019年11月，“饭爷”产品已覆盖了31个线上电商平台以及线下近6000家卖场、商超、便利店。

财富自由没有终点

苏东坡《题西林壁》有云：横看成岭侧成峰，远近高低各不同。山有多面，人亦如此。

除了音乐、美食、房产、艺术品，不断探索的林依轮，还涉足了其他领域，如摄影、话剧、主持、影视、音乐剧等。出版《微·观故宫》摄影画册，参演百老汇音乐剧，参演刘德华投资并主演的电影《再说一次我爱你》……

林依轮涉足的领域不仅多，而且似乎是干啥都有模有样。自在“恰饭”的一个原因在于，他不是收割自己的粉丝，而更多的是让人看到他的热爱以及自我表达。比如全身心投入的“饭爷”辣酱，他表示“最终我们是要靠产品说话的，而不是林依轮这个人”。

一路创富的同时，梦想之路上那些耀眼的光环也被一个个戴在林依轮的头上。林依轮坦言“很累，非常累，但是乐在其中”。随着直播带货站上风口，这个“幸福鸟”也飞到了直播间，并在“淘宝直播”新开的明星专属排位赛上，连续获得第一名。在2020年“517零食节”上，他更是晋升为“带货王”。

已经年过半百的他，依旧像个阳光少年，不知疲倦，不知满足。喜欢折腾、创造的他，下一站去向何方？风景如何？或风光旖旎，或波澜壮阔，林依轮还在探索。

“斜杠青年”养成记

多年之后，林依轮作为“中年过气男歌手”再次走入大众视野，身份却是个妥妥的“隐形富豪”。林依轮做对了什么？爆红之后他是怎么发展多元化盈利模式的？同样做副业，林依轮为何很少“翻车”？林依轮的下一站在哪里？

回看中国火遍20世纪90年代的男歌星，解晓东、毛宁、景岗山等早已消失在大众的视野里，而林依轮凭借“娱乐圈隐形富豪”“跨界创业者”等标签，依旧活跃在网络上。为什么是林依轮？这可能离不开他建立的一套从下到上的预警机制。

一是随时随地保持自省。林依轮曾说：“安全感对我来说，是不存在的。”这种不安是和娱乐圈的“弱肉强食”规则息息相关。除了“吃青春饭”的行业特性，娱乐圈还存在极大的成功不可复制性。林依轮虽然靠《爱情鸟》一炮而红，但爆款歌曲可遇不可求，再加上娱乐圈更新换代快、市场的口味越来越挑，一旦自己变老、作品过时、人气衰落，事业直线下滑不可避免。

二是要有“B计划”。仅仅自省是不够的，还必须要给自己留后路，也即“B计划”。对于林依轮来说，B计划取决于两个方面：他的能力高低，以及他自己的资源多寡。能力越强、知名度越高，后路才会源源不断。1993年，林依轮推出的歌曲《爱情鸟》一改当时歌坛轻轻柔柔甜甜的风格，嗨翻神州大地。蹿红后的林依轮，上“春晚”，演话剧，主持节目，拍影视等各种机会纷至沓来。

三是要给自己留余粮。在2020年新冠疫情之后，“报复性攒钱”成为网络热词。对于明星来说，娱乐圈新人辈出，激烈的竞争让他们如履薄冰。如何让不菲的收入“钱生钱”，投资是最好的办法。颇有眼光的林依轮，在北京房价爆发式上涨前入手了一些优质房产。

对于艺术品收藏来说，知名演员王刚曾说，收藏是天底下最美的事，“每天让你玩着、欣赏着，同时，它还能保值和升值，一不留神便能让你发大财”。在收藏界属于老资格的林依轮，住宅里挂满了名画。林依轮说自己三分之一的资产都投资在画作上，而随着艺术品的升值，有媒体称其收藏的画一幅能抵北京一套房。

这些财富让他顺利加冕“隐形富豪”，也给他备足了“过冬的余粮”。

选准赛道，挖到“第一桶金”

财富自由的前提是创造财富，而不是靠财富自己创造财富。

换言之，财务自由最大的权重是“第一桶金”。要想挖到“第一桶金”，必须先走到“金矿”里。但是寻找这个“金矿”的过程就像探索迷宫，如果你搞不懂内在规律，不得其门而入，就只能一直在“0”和“1”之间徘徊。

赚到“第一桶金”的一个大前提是必须要有一门精湛的手艺，即必须能在某个专业领域做到专注，形成口碑。这个专业领域必须具备三个特点：自己喜欢且擅长，关键是还要赚钱多。

拿早年的林依轮来说，做过厨师，当过歌手，虽然这两份工作从兴趣度上，他都比较喜欢且擅长，尤其是厨师，他在出国淘金前，3个月就把三级厨师证考了下来，天赋及实力可见一斑。从付出程度上看，要到“金字塔”顶尖需要踏遍荆棘，尤其是歌手，要成为大明星，前期投入的努力更大。

但是从商业回报上来看，一旦成名，明星的收入高得可怕。毕竟厨师再厉害，一天能做的美食数量是有限的，但是歌手的努力可以标准化低成本传播，多复制一份专辑，多签一个名，边际成本几乎为0。这样明星的影响力及产品在向四面八方辐射时，回报也在成倍增加。

所以，对于林依轮来说，虽然在海外淘金意外成为名厨，但是一辈子困在异国的餐厅并不是理想的归宿，因此在友人劝说后，他毅然选择回国继续追寻音乐梦。

选对了方向，不代表“第一桶金”可以“躺赚”。对于那张让林依轮财富逆袭的专辑《爱情鸟》，其“爆红”经历十分曲折。据说，当年参加夏季订货会时，这张专辑只订出25000张，这个数量基本意味着专辑做出来后，就被唱片公司放弃了。这时著名作曲家张全复找到林依轮，建议搏一搏，即自掏腰包做宣传。

但当时跑15个城市宣传的费用为20000元，而林依轮只有16000元，为了这张专辑，林依轮选择破釜沉舟。当年冬天林依轮开始全国跑着做宣传，到了最后一场，从扬州到南京的路上遭遇了一场大雪，当时他跟张全复说宣传得可以了，因为瑞雪兆丰年，好兆头。从那以后，《爱情鸟》走向全国，林依轮也迎来了属于他的时代，财富“乌托邦”的大门也由此开启。

做对两点，副业全面“开花”

一枝独秀不是春，百花齐放春满园。为什么林依轮能在各个细分领域都做的风生水起，甚至网上有新闻称其有亿万身家，财富远超赵薇。分析了林依轮的跨界经历后，发现他主要做对了两点。

其一，热爱可能是成功的最短路径。炒股、炒楼、开餐厅等，当下什么赚钱就一窝蜂似地杀进去，这种追着风口走的投机主义，虽然让一部分人成了暴发户，但更多的参与者在一阵风过后，可能会陷入翻车的尴尬境地，甚至摔得很惨。

热爱是让自己持续增值的最好风口。热爱来自哪里？兴趣和野心。正如汪涵所言："一个人如果没有癖好，那这个人的生活是无趣的。"借着明星的知名度，林依轮成了很多美食相关活动的人选，参与录制央视《天天饮食》《创食计》等美食节目，出版了两本《林家食铺》……对美食"爱得深沉"的林依轮，做饭、吃饭、研究饭成了他行走江湖的另一种方式。

2016年他推出了自己的首款"饭爷"辣酱，谈及做辣酱的初心，他表示"我就想让大家都吃上一口好的"。

其二，链接超级人脉，是创造财富的通行证。荀子云："假舆马者，非利足也，而致千里；假舟楫者，非能水也，而绝江河。君子非生异也，善假于物也。"意思是借助超级人脉，可以帮助我们打破认知边界，获得更优质的资源，搭建更有价值的网络。

如何搭建优质的"朋友圈"？答：借助自己的比较优势，展现自己的价值，进而和他们产生"羁绊"。

林依轮凭借自己高超的厨艺，吸引了美术圈大腕、IT风云人物、财富新贵等各式高端人员的关注。有的出席入座，只为了尝尝他亲手制作的卤大肠。而林依轮能在收藏圈战果颇丰，离不开这些大佬的指点。据报道，2003年时，林依轮在艺术家叶永清的建议下，购入很多潘德海的作品，随着后续潘德海扬名天下，早前投资的这些作品让林依轮一下进账几千万。

林依轮后续成功转型，走上“酱人”的道路，也有身边朋友的功劳。据说“策源创投”创始人冯波在他不知情的情况下，给他打了50万美金，后续又追加了50万美金，“逼”他创业。

用专业的态度去做业余的事

许多明星都会运用自己的影响力及知名度，开辟其他副业。同样是多点开花，为什么有的明星频频跨界失败，而林依轮不仅没有失败，还靠副业成了超级“隐形大富豪”？

韩寒的微博爆文《我也曾对那种力量一无所知》给出了答案：不要拿你的业余去挑战专业，诚然，人家专业选手比你入行久，经验丰富，凭什么你能超越他？除了资源、特色、热爱，一个必不可少的因素就是努力。

如林依轮，虽然他看起来是一个“杂家”，歌手、美食家、投资人、快餐店老板，但是他似乎干啥都能成，其中他必定有超乎寻常的付出。有记者曾见过他某月的工作安排表，出差行程安排几乎精确至小时。

具体到厨艺这块，林依轮虽然在吃的上面有天分，但能成为明星们追捧的“厨神”，与他早年的历练密不可分。他不仅很早就拿下了三级厨师证，在玻利维亚打工时，老板的苛刻要求，比如“蛋炒饭里若有几粒米黏在一起就必须重做”，造就了他对美食“死磕到底”的精神。

后来在创业推广“饭爷”时，用林依轮自己的话说就是“朝九晚不五，卖产品又卖艺”。对于“饭爷”辣酱大大小小的品牌宣传活动，甚至为员工挑选工作餐具，他都亲力亲为。“如果我只是个花瓶摆在这儿，饭爷没有今天。”

不仅如此，他知道在商界建立影响力并不比歌坛容易，由于创业需要涉及营销、管理、财务等方方面面的专业知识，而自己在这块是个“门外汉”，为此林依轮专门去清华大学的金融学院学习EMBA课程。据称其辣酱品牌估值达3.6亿，这一切离不开跨界“劳模”林依轮的辛勤耕耘。

努力很重要，但不代表成功可以一蹴而就。如今的林依轮，已经成立了公司，创立了辣酱品牌，并通过电商平台成功进入大众视野。但是在做辣酱前，林依轮又是参与美食节目，又是出版美食书籍，又是代言联合利华旗下的调料品“浓汤宝”。水滴石穿的努力，建立起了林依轮在美食方面的专业度。当越来越多的人认为林依轮在吃的方面是个靠得住的人时，林依轮觉得是时候创业了，于是他撸起袖子做起了辣酱。

跨界的下一站没有边界

“你必须不停地跑，才能保持在原地。”“红皇后假说”揭示了“停滞即消亡”的自然界生存定律，也刻画了林依轮的人生状态。

一手好菜走江湖的林依轮，目前化身“酱人”，借辣酱品牌“搅局”调味品行业。而未来，他希望全世界的华人都能吃到“饭爷”。这次跨界能延续之前的好运吗？

纵观辣酱所处的调味品赛道，由于调味品对饭菜口感有较大影响，该行业可以说是“舌尖上的中国”饮食文化的灵魂。辣作为中国人最喜欢的口味，决定了辣酱这个细分赛道的市场不容小觑。从消费者黏性看，调味品行业虽然占家庭及餐饮企业支出不大，但消费者一旦选定某一品牌，轻易不会更换。

不仅如此，随着国家对健康饮食专项行动的推进，消费者也更愿意为健康饮食埋单，这也意味着“饭爷”辣酱有望赢得市场的更多关注。

但是对于年轻一代来说，“林依轮”这个稍显陌生的名字究竟有多强的品牌号召力？短时间内，“饭爷”辣酱想撼动“老干妈”“阿香婆”等头部品牌，并弯道超车，恐怕仍需努力。

从红遍大江南北的歌手，到“入得厅堂，进得厨房”的美食家，再到“酱人饭爷”，林依轮经历了多重身份的转变，也给自己积累了满满的财富。在全民跨界的时代，从公司到个人，从明星到普通人，这个时代属于不安分的人。对于林依轮来说，这个“披荆斩棘的哥哥”的下一站在哪里？这不禁让人充满好奇。

“跨界多面手”变现之道

歌手、厨神、主持人、创业者……林依轮的跨界更多的是一种宏大的叙事，普通民众如何通过一次次触手可及的小突破，获取潜能释放带来的回报，感受时代的脉搏？在此有三点建议供大家参考。

一是跳出“格式化认知”。

之前热播的《乘风破浪的姐姐》里，吴昕说：“我确实错过了几年的黄金时期，我不能再回到以前那种狭隘的视野。我其实可以做很多事，只要有机会，我就去争取。”

吴昕的中年危机，正是专家型通才巴克敏斯特·富勒所说的，“我们所处的这个时代，普遍认为越狭隘，越专业，越有逻辑性”，但如今的社会，早不是一份职业做到老的时代。

一如硅谷钢铁侠埃隆·马斯克，在支付、汽车、航空、能源之间不断跨界，一次次重新定义自己。我们虽然很难做到马斯克那样的成绩，但是在人生长河里，我们可以不断探索尝试，多学多做，持续输出自己的各种价值点，提升自己的人生密度。

在此过程中，要想不被某种身份尤其是自己的岗位所裹挟，一定要跳出“格式化认知”，走出心理舒适区，多接受新鲜观点。

遇到机会时，不要急着下结论自己做不了，而应站在“我可以”的角度，多给自己开“绿灯”。所谓跨界，就是在一次又一次的碰撞中亲历体验的结果。

抱着这样的心态，其实不论30+还是40+，只要迈出第一步，就是成功的开始。

二是用正确的姿势跨界。

跨界的正确姿势主要来自三个方向，自己擅长的，自己喜欢的，能赚钱的。

自己擅长的，一般要求你在某领域具备很强大的专业素质，这一般与自己的工作相关度比较高。

自己喜欢的，也即爱好发展类，如导游、驻唱、美食视频博主等，怎么找到自己热爱的领域？你可以想想，不考虑钱，你最想干什么？曾经让你废寝忘食的那些时刻，你在做什么？总之，什么曾经拯救过你，你就试着用它来拯救其他人。

能赚钱的，即当前的风口，如十年前的淘宝，五年前的微信公众号，当下的短视频等。怎么找到这些机会呢？日本时装浪潮掌门人山本耀司曾说，厉害人物是和厉害的人、事和物，深度碰撞淬炼而成。一如林依轮顶级“朋友圈”带来的价值。事实上，建立超级人脉可以让自己的成功不走弯路，而我们只有见到更多强人，才能见识到更瑰丽的风景。

怎么和强人建立连接？对于普通人来说，强人不一定指林依轮拥有的高端朋友，自己身边也潜藏很多能力超强的人，他们可能是我们的同事、工作中认识的朋友或者同学、邻居等。

三是“破圈”但不要“混圈”。

颜如晶开炸鸡店月亏10万上了新闻头条，究其原因，在于颜如晶把爱好变成职业时，积累的经验不足，贸然跨界，大概率会“交学费”。

颜如晶的问题给出的一个启示是，跨界不是“混圈”，不应该只是追着风口走，而应该“破圈”，即打破原有的圈层去思考，还可以怎么样，怎样可以更好。

但是很多普通人“家里没矿”，试错成本低，所以在此过程中，要学着多培养自己的可迁移技能。

可迁移技能就是不管你跨到什么行业都可以通用的能力，比如人际沟通能力、信息和数据处理能力、项目管理能力等。

而扩大自己的知识储备，平时多做一些“无用”之事，都可以培养可迁移技能，并让它们变成自己从“门外汉”到成功跨界转型的有力武器。

林依轮的故事给我们展示了敢于突破自我者的人格魅力，以及这个时代的更多可能性。其实不只是技能变现的需要，不断折腾和自我探索，挖掘各种潜在价值点，慢慢地搭建属于自己的未来，从这个角度看，跨界更是肆意人生、自我突破的新旅程。

（周小杰　文）

第 5 章 >>

吴晓波、叶檀，从财经网红到商业新贵

电视剧《北京人在纽约》有句经典台词，套在媒体人身上也非常适用：如果你爱一个人，就让他去做媒体；如果你恨一个人，也让他去做媒体。媒体可以说是地球上最好的职业之一，你可以约见各种政商大佬，也可以接触各行各业的小人物；但媒体也是这个时代最让人焦虑的职业之一，传统媒体式微之下，“缺钱”“焦虑”“想转行”成为媒体人挂在嘴边的关键词。

但是也有一些媒体人在媒体岗位上取得了不俗的成绩，继而又凭借敏锐的嗅觉，一次次踩中了正确的时机，在商业世界里收割名望，成为互联网时代媒体人成功转型的“前浪”。

如吴晓波，前财经媒体人，号称“中国最赚钱的财经作家”，坚持十几年每年买一套房，旗下自媒体和“890新商学”营收过亿。再如叶檀，被称为“财经女侠”，财经评论者，成立的家庭理财内容服务平台“叶檀财经”，短时间内用户过百万，拥有数万付费用户。

他们是如何踏上转型之路的？这条路如何塑造了他们？媒体人转型，路在何方？如何避免越转越糟？那些转型成功的人，都经历了什么？

这些问题，透过吴晓波、叶檀，这两处自媒体时代的微缩景观，或许能给我们一些启发。

从月薪70元到“中国最有钱记者”

回看吴晓波财务自由的历程，如果用一个词来概括，莫过于其代表作《激荡三十年》的“激荡”二字。

复旦大学新闻系毕业的他，进入新华社浙江分社做记者。虽然起步时月薪只有70元，但14年的财经记者经历，让他积累了丰富的企业家资源，对商业的理解十分深入。

在《杭州日报》《南风窗》《南方周末》等开设专栏，让吴晓波摸索出诙谐又入木三分的贴近读者的文风。

30岁时吴晓波开始按照一年写一本书的节奏，继续探索商业沉浮。第五本书《大败局》开启了属于他的时代，这本书一出版，销量迅速升至20万册，6年重印了28次。

随后一发不可收拾，“财经作家”的名声落定，商业回报也纷至沓来，吴晓波成为许多商业机构举办活动的演讲嘉宾。

然而他的财富不仅来自写作，还和踩中时代节拍有关。1998年中国开始推广商品房制度时，吴晓波敏锐地意识到，城市化将成为一个重要趋势，于是当年他买入第一套房，并保持着“一年一房”的节奏。2008年时，据称他已在上海拥有10套房产。这些“战绩”让吴晓波的财富“水涨船高”。不仅如此，同一年，他花50万元在千岛湖买下的一座小岛，如今估价据说已超千万元。

从记者到作家再到买房买岛，吴晓波的商业版图陆续扩展到出版、自媒体、投资等领域。

先是图书出版，看到严肃的商业写作也能跻身畅销书行列的吴晓波，开始经营自己的图书项目——“蓝狮子”。资料显示，“蓝狮子”汇聚了超过350位财经作家，出版了100多家企业的相关传记，其中《腾讯传》《下一个倒下的会不会是华为》等，销量颇佳。2015年11月，“蓝狮子”挂牌新三板，市值一度超十亿元。

和那些传统媒体赛道上呼风唤雨的同仁相比，吴晓波先一步走上财富自由的另一个“印钞机”是自媒体“吴晓波频道”。借助吴晓波的影响力，上线1年5个月，“吴晓波频道”订阅用户突破100万。有了流量，“吴晓波频道”开始了电商、知识付费、广告等一系列商业变现。战绩如何？2017

年1月，“吴晓波频道”的运营主体“巴九灵”获得1.6亿融资，估值达20亿。2018年数据显示，“巴九灵”当年净利润超7500万元。

不止如此，在“最有钱的文人”光环下，吴晓波的投资人身份也逐渐曝光。通过成立基金，吴晓波的投资触角伸向了“餐饮老板内参”“十点读书”等内容创业项目。“天眼查”数据显示，截至2020年7月14日，吴晓波旗下共23家公司，他在3家公司担任法人，是9家公司的股东，在8家公司任职高管。

念念不忘，必有回响。20多年的财经研究被吴晓波在商业上运用得淋漓尽致。他曾表示：“你现在拿一个亿来收买我，挺难的；100亿来买我的话，我可能会动心。”

从历史系博士到“财经第一女网红”

作为中国顶尖大学之一，复旦大学走出了很多优秀的媒体人，一如吴晓波及其同窗著名财经观察家秦朔，前凤凰卫视记者闾丘露薇，“财经女侠”叶檀。然而和其他人不一样的是，叶檀起步时完全是一个媒体“门外汉”。

她是复旦大学历史系的博士，最开始也只是在复旦大学和上海社科院这些教育科研机构供职。

厌倦了书斋的“冷板凳”，加上她一直抱着“解读历史的钥匙在于经济”的理念，2000年左右，叶檀选择从零开始，跨行进入陌生的财经领域。

彼时，海上财经媒体逐渐崛起。叶檀先在《解放日报》做经济评论员，后到《每日经济新闻》写财经评论，之后又在《南方都市报》《南方人物周刊》《财经国家周刊》、FT中文网等媒体开辟专栏。

虽然她的“画风”是喜欢穿旗袍的小女人，然而她的文风却很犀利，尤其是国民普遍关注的房价和股市，叶檀更是“很敢说”。这些文章吸引了不少金融基础薄弱的普通投资者，也打响了她“财经女侠”的称号。

不仅如此，她还进一步拓展边界，出版《大破局》《中国经济站在了十字路口？》《中国房地产战争》《拿什么拯救中国经济》等图书，做客财经节目点评经济新闻，尤其是创建财经自媒体平台“叶檀财经”，“圈粉”的同时也收获了更多红利。

据说，“2016年炒白银热潮时，叶檀经常收到一些‘毕生积蓄血本无归’的微博私信，希望得到她的帮助”。从这一初心出发，“叶檀财经”应运而生。

虽然这个内容创业项目起步有些晚，但靠内容起家的叶檀，通过《我眼中最无前途的十个中国城市》等爆文，迅速累积了不少人气。仅仅一年半的时间，粉丝已突破130万，其中付费用户超8万。

和其他“大V”单打独斗不同，商业嗅觉敏锐的叶檀，借助资本市场的力量，建立起财经内容产品团队。2017年初，“叶檀财经”获得“汉理资本”千万元级的天使投资？融资？作者核实表述。2018年，完成4000万元A轮融资。

资本加持下，瞄准1.8亿新中产，“叶檀财经”的服务迅速扩展至内容、社群、知识付费等领域。

在社群方面，数据显示，截至2018年8月，“叶檀财经”开设了22个线下分会，覆盖全国20个城市。而在知识付费层面，“叶檀财经”结合各阶段家庭理财人群的特点，推出了《火星研报》《三分钟学投资》《叶檀投资实战课》等课程。

虽然从传统媒体向新媒体转型很辛苦，叶檀曾表示“甚至标题我都要专门去想，我花几天时间把人家所有的标题都看一遍”。但不可否认的是，在“叶檀财经”的加持下，这个原本站在风口浪尖的财经评论者，一夜之间又拓展了新版图。

媒体“财富新贵”的“甜蜜烦恼”

司马迁有云：“求富，农不如工，工不如商。”罗振宇也曾喊出：“合法挣钱，是最有尊严的活法。”在这个堪称文人的黄金时代，知识的力量可以以商业价值的形式获得肯定。但是一个不争的事实是，社会对文人离商业太近仍然存在偏见。

如吴晓波，第一次冲击上市失败，知识付费陷入瓶颈，直播翻车……围绕吴晓波“一流商业作家，三流商人”的争议一直没间断过。叶檀也曾坦承，当一个人名气越来越大时，最需要学习的是如何“经受住利益的诱惑”。

如何与争议及财富相处？吴晓波曾强调幸福的前提是富有，而非“安贫乐道”。叶檀也表示，“一个连自己都不能养活的人，还谈什么尊严”。

他们用扎实的内容及对商业的敏锐洞察，创造了财富。与此同时，他们给媒体人提供了正面可及的“抄作业”的多元方式。

原本计划40岁退休的吴晓波，还在赚钱的路上奔跑着，叶檀也在不断拓展文人的边界，他们的“商业座驾”下一站去向哪里，值得畅想。

媒体人转型，“造富”为什么是他们

媒体人角色转换的故事屡见不鲜，其中转型失意的大有人在。吴晓波、叶檀为什么能从财经“网红”顺利晋升为“网富”？要解开他们的财富密码，就需要追根溯源，他们是如何踏进财经这条河流的？他们又如何从0到1，走上财富之路的？

“拥抱变化”虽然是一个泛滥的词汇，但不可否认，个人正是在拥抱新变化的过程中，逐渐找到适合自己的发展路径。

吴晓波、叶檀，两人都没有财经专业背景，他们是如何走上财经媒体人这条路的？

拥抱变化。

拿吴晓波来说，他刚进入新华社时，和其他的记者没什么区别。他做的，不过是让自己去尝试，增加人生新变量，增大新的可能的机会出现的概率。所以，当大家都热衷于采写政府、国企的新闻时，他选择报道相对“冷门”的民企。

这个选择让他积累了大量一手素材，并与企业家们建立了紧密的联系，也为他后续专攻企业史打牢了“基本盘”。

再看叶檀，复旦大学历史系博士，却选择去报社撰写财经评论，是巧合，也是注定。叶檀曾表示，早年复旦大学和上海社科院等学术机构的生活充满了规制和无趣，所以她决定跳出“书斋”。而为什么选择去媒体写财经评论，源于分析了几个行业后，她发现只有财经可以转型并养活自己。

这个谋生的行当，却帮助叶檀迈出了“真正人生的第一步”，让她来到了财经媒体爆发的前夜。

有时候，上天赐给我们的最好礼物，往往藏在一些不起眼的小变化中。

从0到1，踏上财富的列车

2018年数据显示，参与调查的媒体人中有94.21%感到焦虑，超八成的媒体人表示很缺钱，六成媒体人表示月收入不到1万，近四成媒体人想转行。

大环境如此不好，为什么吴晓波能成为“最赚钱的财经作家”，叶檀能成为“财经女侠”，并且开专栏、出书、上节目呢？

一是个人的底盘坚硬。吴晓波曾指出，商业面对巨大的不确定性，需要坚硬的底盘。个人也是，作为一个媒体人，基本功扎实，才有成为“大V”的可能。

他们阅读量非常高。吴晓波称大学4年读完了复旦图书馆的藏书，现在每年买200本书。叶檀自曝刚进入《每日经济新闻》时，为了写好文章，她把当时的财经报刊、教科书放案头，全部看一遍，天天后半夜睡，这个习惯坚持到现在，并表示目前能够跟她阅读同样数量图书的人不多了。

他们看的多，写的更多。以美国知名专栏作家李普曼为偶像的吴晓波，在各大报纸开专栏，逼自己每年写一本书，目前他还坚持每周写作6000字。叶檀刚进入《每日经济新闻》时，就被逼迫“每天写一篇财经评论”。

二是前期积累的粉丝基础好。吴晓波在新华社做记者的时间，跑遍了大江南北，积累了原始的人脉资源，加上持续大量地写专栏、写书，在社会上积累了一定名气。

叶檀从进入报社写评论以来，在《每日经济新闻》《中国青年报》《中国经济时报》《上海证券报》《南方都市报》《新京报》《中国企业家》等知名媒体上，发表了大量评论，加上浓烈的个人风格，渐渐吸引了不少读者的关注，“财经女侠”的名号也渐渐打响。

选几个“叶檀式”评论的典型标题，大家感受下。

“我眼中最无前途的十个中国城市”

“环京房地产成交量下降90%，为什么还不崩盘？”

“叶檀：美股疯涨全靠胆大！”

“叶檀：深圳留不下华为？简直是天大的玩笑”

……

字字犀利，无所畏惧。

“叶檀财经”似乎喜欢“网络标题式”的犀利，吴晓波的文字则相对轻松且入木三分，他们通过自身的内容特质，成功塑造了个体形象，这种IP化、人格化的文风塑造，既帮他们积累了人气，也让财经网红们的变现能力更强。

三是踩中了即将爆发的行业红利。为什么财经行业是一个好赛道？从社会需求上看，随着社会转型及商业变革，民众对于财经内容的需求增加，财经已从可选阅读品类慢慢变成一种生活日常类刚需般的存在。

从市场集中度来看，面对财经领域那些宏大的命题，吴晓波、叶檀这种接地气的财经解读方式，大大降低了公众对财经内容的阅读门槛，扩大了受众市场，也成就了作为财经领域“大V”的吴晓波们。

从用户变现角度来看，财经内容的受众往往经济基础较好，这对内容制造者来说，可实现的商业价值非常可观。

财富之花如何“朵朵开”

财经媒体领域出身的吴晓波、叶檀，在自身岗位获得成功无可厚非，他们为什么不仅没错过其他风口，而且还做得不错，有些人在收获人气的同时还能赚得盆满钵满。如“岛主”吴晓波自家杨梅树果园产出的“吴酒”一经开卖，5000瓶酒在33个小时内被抢光，吴晓波因此入账近百万。再如吴晓波做出了“蓝狮子”“巴九灵”两家号称10亿级别的公司。

而叶檀，一篇《我眼中最无前途的十个中国城市》爆文，为什么能够走向商业化，并演变成与“腾讯”合作发布的“城市发展力第三方指数”？

为什么吴晓波、叶檀能多点开花？有三点原因需被关注。

一是有发现商业价值的专业眼光。一位从媒体转型做投资的资深人士说：“做媒体要判断一个事情是否有新闻价值和社会价值，我觉得做投资或者创业也是做价值发现，无论是面对一个领域，还是面对一个项目，你都要发现它的商业价值在哪里，两者的路径是一样的。”“叶檀财经”即是如此，最初只是一个小小的公众号，围绕1.8亿新中产的理财市场，从内容到社群，再到知识付费产品，形成了一条清晰的链条及变现模式。

二是转型不转行，依旧是内容为王。吴晓波从新华社记者到财经作家，到自媒体“吴晓波频道”，到投资“喜马拉雅”、公众号“餐饮老板内参”，生意越做越大，一次又一次拓展文人变现的边界背后，可以发现，他始终围绕内容这个核心。叶檀也是如此。

三是注重产业化。叶檀意识到自媒体不能单打独斗，所以引入资本，引入人才，专业化运营，“吴晓波频道”也是。毕竟内容创业需要变现，这涉及运营、管理、财务等方方面面，如果不团队化运营的话，失败的可能性非常高。而且，他们平常就离商业比较近，深谙商业世界要积累更多的财富，必须摆脱“小作坊”的思维。

强者恒强背后的底层思维

你要出海，必须思维出海，然后才可能是广阔天地，大有作为。

吴晓波、叶檀等媒体“新富”，他们的创富模式既有“术”层面的能者多劳多得，更有“道”层面的对社会发展底层规律的契合。这些规律包括蓝海思维、生意思维、产品思维。他们只不过是顺应规律、抓住财富的幸运者之一。

蓝海思维。内容红海永远有蓝海。新媒体形式层出不穷，从表面上看，一拥而上的各个细分赛道，没有先发制人的话，是不是注定很难开辟出“蓝海”？未必。吴晓波推出个人品牌的自媒体“吴晓波频道”时，已经46岁，高龄转型的传统媒体人能轻松拥抱新媒体，博得年轻人的好感吗？“吴晓波频道”用平均阅读量达10万左右的数据给出了答案。

内容基本功扎实的叶檀，进军自媒体的时间也比较晚，然而也成功跻身国内颇具影响力的个人财经自媒体之列。内容无红海，机会一直有，就看你是否敢迈出第一步，能否独辟蹊径抓住机会。

生意思维。对于追求内心深处自由的媒体人来说，转型时面对的一个大的思维误区是“耻于谈钱”。对于吴晓波来说，他渴望李普曼式的人生，却成了媒体笔下“最有钱的文人，最纠结的商人”。有人曾问吴晓波：“向商业的转型导致你的角色被污染，你觉得值得吗？”吴晓波表示值得。

这种观念未必绝对正确，但是放在商业世界，其所折射的生意思维无可厚非。毕竟内容创业，其实也是一门生意，如果不想着盈利的话，很难走长远。所以，吴晓波、叶檀力图迈过媒体人固有的这道坎，将内容服务回归到生意的本质上，是一种恰当的选择。

产品思维。产品思维意味着你要从“受众时代”切换到“用户时代”，要了解产品的每个环节，并能快速解决用户的痛点。什么是受众？“传播学之父”威尔伯·施拉姆曾表示，受众是传统媒介这个自助餐厅的就餐者，厨师（传播者）提供尽可能让受众满意的饭菜（信息），至于受众吃不吃，吃多少，厨师无能为力。

什么是产品思维？吴晓波有切身感触。他曾表示，做“吴晓波频道”最大的体会是如何由一个写作者变为产品经理。诚然，之前媒体人分工很明确，但是做内容，只有了解内容产品的每个环节，不断迭代改进流程中的种种“bug”，才能圈住用户。

他们能否“激荡财富下半场”

文人“安贫乐道”的时代已远去，写字的人迎来了最赚钱的时代。

翻开微信公众号，那些动辄推文10W+的公众号，背后活跃着的依旧是那些传统媒体走出来的自媒体人。

读书公号“新世相”创始人，曾是《GQ》杂志副主编；时尚界博主黎贝卡，曾是前《南方都市报》首席记者……

携带在传统媒体的多年采编训练，大批传统媒体人成为内容创业者，他们打造出一个个新媒体大号，让大家看到了内容创业的无限可能。同时，他们借助流量，将商业变现的触角延伸至电商、广告、知识付费、金融等领域。

从这个角度看，吴晓波、叶檀这些游得快的旧媒体人，已经享受到了内容创作带来的红利。而且借助早期积累的庞大流量，以及跑通的各种变现方式，成为媒体人创业的标杆。

但是，接下来传统媒体人出身的“大V”也面临不少挑战。

从行业发展实际情况看，“大V”当道的形势下，仍有不少自媒体新贵弯道超车，而且他们来势汹汹，更懂视频、社群的玩法，深得年轻人的心。而且，随着下沉化成为内容行业新风口，这一风口吸引了越来越多细分行业的专业人士入局，他们通过通俗方式，或图文，或视频，帮助用户理解专业内容，在内容“红海”中大肆圈粉。

“外患”之下，吴晓波们也有很多“内忧”，曾经5年吸金3000万的吴晓波年终秀，被网友吐槽“硬植入的广告肆无忌惮”。而“吴晓波频道”的一些付费内容，缺乏专业性且商业气息浓厚，被批拿“垃圾内容”敷衍会员。而直播首秀翻车，更是成为大槽点。

再看叶檀，打造的社群会员体系“檀香会”，分为三个级别：中产会的年费是365元，精英会30000元，私董会198000元。分层付费服务解决中产阶层焦虑痛点的初心很好，但能否跑通，还有待检验。叶檀之前也曾坦承，财经知识的商业化，依旧处于起步阶段。

问题不一而足，在浩浩汤汤、人才辈出的压力之下，内容创业的“中年危机”或许就要来了。

普通人如何上演创富故事

新媒体的蓬勃生命力下，谋求转型的媒体人、心心念念踏入自媒体这条船的人越来越多。未必每个人都有吴晓波、叶檀等“网红”的命，但是可以通过三招，练就“网富”的体质。

一是顺势而为，夯实人生“基本盘”。即打磨优势，练就过硬的专业功底。如吴晓波虽然横跨媒体、出版、自媒体等领域，甚至买房买岛，但这些都离不开他多年来的财经观察及文字功底。

普通人发挥优势，线性的努力、“刻意练习”是一方面，更重要的是踩在对的赛道上。试想吴晓波如果没有出书、办自媒体……而是一直在新华社做记者，结果会怎样？

发达靠行业，如何踩中风口乘势崛起？三个方向：一是选择出现颠覆性技术、产品的行业，如当下的AI、物联网；二是选择“红海”中的“蓝海”赛道，如短视频行业里，抓住B站、抖音、快手以及微信推出的视频号等新渠道；三是选择存在供给“缺口”的赛道，如相比高大上的内容，用通俗易懂的形式输出科普内容更能“圈粉”。

二是要把自己练成行走的品牌。文笔扎实的媒体人很多，为什么吴晓波、叶檀能脱颖而出？因为他们通过专栏、出书、建立个人自媒体等，将自己打造成了一个IP。

不一定每个人都能变成吴晓波、叶檀，但是普通人可以通过强化个人标签，把自己变成一个行走的品牌。正如《超级个体》一书所述，未来厉害的个人会变成超级个体。

怎么打造品牌？输出，以及大胆的宣传。比如，你想成为一个美食领域的个人IP，不管是直播、短视频还是图文，形式是次要的，重要的是持续分享，这样既能不断圈粉，又能释放自己的专业度和影响力。有了一定的知名度，你就有了自己的品牌和资源。这时候你就是一个工作室，公司只是你的最大客户，即使被裁或者想跳槽，也有底气。

当然，打造个人品牌很难一蹴而就，毕竟就算踩中风口，你得首先靠自己的力量一步步爬上去。所以面对一个个岔路口的考验时，你必须要勇敢尝试，通过一件件小事，积累自己的专业度，你才能遇见更多的财富复利。

三是学会借助杠杆思维，撬动更多财富。所谓杠杆，就是让我们投入一分，能收获两分、十分甚至百分的工具。

杠杆思维也是里德·霍夫曼在《闪电式扩张》里所述的自身规模化。吴晓波聚集300多位优秀财经作家，把蓝狮子打造成财经出版领域的“隐形冠军”。埃隆·马斯克吸引了一批技术大神，他们之所以在新能源汽车领域频频创造奇迹，是因为他们通过从创始人到管理者、领导者的转型，实现了自身的规模化。

普通人可能组建不了大规模的团队，那我们如何以惊人的速度达到庞大规模？答案是：合作，互利共生。不要指望凡事亲力亲为，你只需要专注价值更大、更擅长的事，那些价值低的、很重要但自己做得不够好的，可以找更擅长的人合作。团队化运营，才能获得超出平均的回报。

有的人说创业，包括自媒体创业是泥潭，进去还能不能走出来，不好说。究其原因，在于你除了要持续输出内容，还要多维度自我赋能，如用个人IP力量提升内容价值，用杠杆放大财富复利。当你顺应商业需要，一路呼啸着奔腾入海时，对于“在那个注定辉煌的前途里，有我吗”这个问题，相信你已经有了答案。

（周小杰　文）

第 6 章 >>

李佳琦、薇娅，为什么能成“直播带货王”

李佳琦，1992年出生于湖南省岳阳市，美妆主播，被称为“口红一哥”。2016年底，网红机构“美ONE”提出“BA网红化”，随后与欧莱雅集团联合举办了“BA网红化”淘宝直播项目比赛，李佳琦以BA销售冠军的身份获得了参赛资格，随后凭借出色的能力在比赛中脱颖而出，最终签约“美ONE”。

他曾于2018年9月成功挑战“30秒涂口红最多人数”的吉尼斯世界纪录，成为涂口红的世界纪录保持者。同年12月相继开通“抖音”“小红书”“快手”等社交账号，截至2020年5月，全网粉丝已超一亿人。

薇娅，1985年出生于安徽省庐江县，美妆主播，“淘宝”第一主播。2003年，与当时还是男朋友的董海锋在北京动物园服装批发市场附近开了一家6平方米的女装小店。2005年，参加《超级偶像》综艺选秀节目拿到冠军，后因理念不同与签约公司解约，并在西安重开女装店。

2016年，薇娅与淘宝直播结缘，并于当年5月正式成为淘宝直播的一名主播。此后，薇娅主要时间和精力都集中在淘宝直播带货上，并在一年一度的“淘宝直播盛典”中连续取得惊人成绩（2017年首届），被时任淘宝总裁的蒋凡评价为“未来商业模式的主流”。

被偶然改变的人生轨迹

故事从2003年讲起。

2003年，18岁的薇娅就已经在从事和如今息息相关的工作——卖女装。薇娅和当时还是男友的董海锋在北京动物园服装批发市场对面开了一家面积仅有6平方米的女装店，男友负责选款、进货，薇娅穿上主打款式的衣装当起“活招牌”，他们开店三个月就存下了10万元。

2005年，热爱唱歌的薇娅在董海锋的支持推荐下，参加了一档名为“超级偶像”的综艺选秀节目。她拿到冠军，签约了唱片公司，董海锋成为组合的经纪人。后来，因为理念不同，董海锋和薇娅离开了唱片公司，用之前的积蓄“重操旧业”，在西安重新开设女装店，这一次开的是连锁店。

多年服装销售的从业经历，让薇娅在选款上得心应手，她能一眼分辨哪些主播是真的懂服装，哪些人是外行在“背话术”。因为她知道，有的东西做法、做工是别人教不会的，教出来的讲的是不一样的，如果团队教的话，可能只讲到产品面料，不会讲到衣服里面缝盘怎么做、需要多少针，针织跟梭织的区别，T恤和牛仔绝对不会在同一个工厂生产等。

2012年，薇娅、董海锋夫妇来到广州，成立了属于他们的第一家淘宝女装店。等到2014年左右，随着“阿里巴巴”加大在“淘女郎”业务上的扶持，薇娅从自家店铺的模特转型为“淘女郎”，一切似乎都是顺应时代变化的自然结果。

2016年5月19日，资深“淘女郎”薇娅在“淘宝”官方邀请之下开了人生第一场直播。那个时候，任谁也不会相信，“直播带货”将成为一个巨大的风口。首场直播中，尽管她什么也没卖只是纯聊天，当天观看人数就超过了5000人。像薇娅这样抓住了先机的主播，在粉丝积累上优势明显，未来在商品端的议价权也相对更大——薇娅开直播4个月后，引导成交额便达到了一个亿。

薇娅的电商生涯开始时，李佳琦还在南昌大学舞蹈系读大二。

结合一些媒体访谈，我们可以清晰地看到，李佳琦大学时很有主见，别的同学还在忙着谈恋爱时他已经找了三份兼职。在他眼中，“没有这些经验，你刚毕业的时候拿什么去跟别人谈工作，谈薪水”。

在李佳琦兼职的几份工作中，其中一份是在南昌一家商场欧莱雅专柜做BA。毕业后他转正了，初始月薪3000元。朝九晚五作息规律，也会在生活中和身边的同事分享好吃的餐厅、好玩的酒吧、好用的东西。

这份工作让李佳琦锻炼出自己所擅长的技能，就是即时互动、即时点燃情感。然而连他自己也没有想到，未来两年事业中出现的机遇彻底改变了他的整个人生。这一切的转折点发生在2016年——淘宝直播上线。

2016年3月，已关注到直播“风口”的“淘宝”开始试运营这种带货模式，5月左右正式上线时已经累计有1000多万移动用户观看过直播，淘宝直播平台上的主播也超过1000人，薇娅和李佳琦便是在那一时期先后加入这一新兴领域的。

与此同时，作为首批淘宝直播开拓者，网红机构“美ONE”联合当时合作的化妆品牌欧莱雅集团启动了“BA网红化”项目。作为BA中销售冠军的李佳琦获得了参赛资格，随后凭借出色的能力在比赛中脱颖而出，最终签约“美ONE”成为一名美妆达人。

眼光决定了前期红利

偶然参加了“BA网红化”选拔而进入淘宝直播的李佳琦，于是有了2016年11月的第一场直播。首场直播中，李佳琦尝试将口红涂在自己的嘴唇上，然而彼时，观众还不太能接受男孩子涂口红，这种营销方式并未引来期待的效果，观众并不埋单，甚至在直播间破口大骂的也不在少数。

刚开始尝试直播带货就“出师不利”，这使得李佳琦差一点放弃。《人物》的一期采访中，李佳琪表示长期没有水花的直播状况曾令他萌生退意。最终让他坚持下来的事件，是淘宝直播为他提供了为期三天的流量推荐，李佳琦抓住了这一机会，观众数量在三天内连续高速增长，达到了数万观看量。

当然了，这个数据和彼时的薇娅差距还是非常大的。根据淘宝2017年12月初发布的淘宝达人收入排行榜，薇娅当时坐拥199万粉丝，以2500万的预估收入位居榜首，直播带货的IP已初步形成，而李佳琦尚未进入到榜单的前10名。

2018年，薇娅创下全年27亿引导成交额的惊人成绩，在稳扎稳打成为淘宝官方认证“第一主播”的同时，其个人IP已在某种程度上与直播带货画上等号。被问到取得今天的成就是否有运气成分，薇娅肯定地表示：“一定会有，如果运气不好的话，我不会遇到淘宝直播，不会有小二给我打电话让我去尝试淘宝直播，但是我觉得个人经历是很重要的。”

同样是在2018年，李佳琦的事业终于迎来转机。李佳琦自己的定位是美妆，为了这个定位，他自己收纳了上千支口红，每一次直播都会以身试验，最多一天可以试300支，并且他对产品的评价不会因为品牌的要求而一味称好，这种客观评价的方式也为其赢来了越来越多的关注者。

男性卖化妆品本身就是件稀奇事，这种“冲突感”也加速了其独有IP的形成。加上频频爆出的金句——“所有女生”“OMG”“买它”，这种犀利的直播风格和温柔帅气的个人形象，也随着时间的推移在人们心里留下越来越深刻的印象。

与此同时，这一年中还发生的两件事让李佳琦声名鹊起。他在2018年9月成功挑战“30秒涂口红最多人数”的吉尼斯世界纪录，从此被叫做“口红一哥”。同年双十一，他和马云比赛卖口红，在女主播占8成的淘系平台上，这些切磋带货能力的结果是，李佳琦凭借直播卖掉了1000支口红，而马云只卖出了10支。

IP初形成，但从IP的叫法上可以看出两者成名的特点还是有所不同的。李佳琦是“口红一哥”，这个名号更像一个“梗”，起源于个人身份与带货商品、服务受众的冲突性。而薇娅的IP立足于淘宝系，“淘宝第一主播”的叫法除了更朴实无华，其实也是“实战”成绩的高度表述，这是排位赛打出来的名气。

对于薇娅和李佳琦两大IP的走红，时任淘宝内容生态事业部总经理的闻仲说道：“有很多人说他们享受了前期的红利，他们是有红利，但是是因为他们的眼光决定了他们有前期的红利。”

IP虽然有所不同，但两者却拥有一个共同点，那就是——商业时代中，一切营销最终的目的都是为了获利，无法变现的营销行为都是无效的、无价值的。个人IP指向的核心是“粉丝经济”，任何一个草根创业者都可以充分挖掘自己的特长，然后打造属于自己的个人IP，通过IP最终变现。

可以看出，产品型IP最终的目的其实还是卖货，以销售为主、个人影响为辅，但这两者的关系是相辅相成的。特别是在一种创新带货方式兴起之时，能够主动选择参与进来的人，最有可能在前期积累到种子粉丝。

个人与平台合作共生

李佳琦以“口红一哥”的IP形象造“梗”成名，因此在话题性上似乎比薇娅更强一些，这也使得他的“出圈”体质更有优势。短视频内容平台，成了最好的“出圈”路径。

2017年12月24日，李佳琦发布了第一条抖音作品，表演了当时风靡短视频界的手势舞。在不擅长的领域他的肢体动作和表情都稍显吃力，那条动态的配文是“圣诞快乐，第一次录，录了几百遍”。

淘系之外，李佳琦IP价值的堆积，很大程度上也离不开他身后“美ONE”

的努力。“美ONE”结合李佳琦自身特点迅速为其找准了定位，不再尬跳手势舞，而是展示李佳琦擅长的美妆内容。这些内容大都是从淘宝直播回放里剪出来的精华片段，两个月便积累了1300多万粉丝。

事实证明，李佳琦式的独特表达被短视频筛选强化后传播度更大了。截至2020年10月底，李佳琦抖音粉丝数超过了4527万人，薇娅的抖音账号粉丝只有1499万。

李佳琦利用个人IP的影响力，实现了与淘宝直播平台的互惠共利，他同时也在各大主流平台发布直播期间剪辑的短视频，均是一种与平台合作共生的模式。另一方面，李佳琦也会为一些品牌做代言，这也是一种从线上转化到线下的个人与平台合作共生模式。

李佳琦在“抖音”大放异彩的同时，薇娅继续刷新着自己的纪录：2019年的“618”她创下5亿引导成交额，这个数字超过了她在2018年双十一、双十二引导成交额的总和，并且迄今为止都保持着“淘榜单”上直播类达人榜单第一的位次。

或许是性格使然，薇娅对带货量非常在意。曾经淘宝直播平台内每月26日固定举办的主播排位赛，是二人正面交锋的战场。与“淘宝”合办“淘榜单”的媒体《天下网商》在采访薇娅的报道中曾这样写道：

“虽参加过多次（排位赛），但每次薇娅还是会紧张到手心冒汗。排在薇娅身后的就是2019年一夜爆红的‘口红一哥’李佳琦，他在‘抖音’‘小红书’‘微博’的表现都极为突出，是真正做到场内场外全面打通的主播，却依旧在淘宝直播赛道中不断试图超越薇娅，屡战屡败，屡败屡战。”

作为绝对的产品型IP，李佳琦和薇娅总是不可避免地被放到一起比较。薇娅倒并不认为二人之间有什么，她在接受“腾讯娱乐”采访时曾表示，李佳琦会向自己传授一些在“抖音”“快手”里闯荡的经验：“我们主播之间也都很熟，但是平时工作都很忙，所以没有去交流，但是如果说碰到一定会聊，比如佳琦跟我说你可以来尝试一下‘抖音’，我们会经常去沟通。”

从两大IP目前的整体声量来看，他们身处各个直播平台，平台文化自带“争山头”、封“一哥”“一姐”的传统，排位赛也关系到“淘宝”内资源的倾斜，比如在排位赛的规则说明中提及浮现权、海量曝光、淘宝直播频道的奖励资源；榜单排名更是直接关系到主播的商业价值、佣金报价和更核心的竞争力——议价权。

因此，能否从商家处拿到更低的价格，对于各个主播来说至关重要。相较于流量艺人出镜驱动销售，主播获得粉丝关注和持续黏性的方式差异极大。

对于偶像艺人来说，他们的粉丝为了证明其带货能力，可以心甘情愿地以不划算的价格被“割韭菜”。这一点对产品带货IP来说却恰恰相反，头部主播直播间里的观众流动性非常强，这些观众更热衷于在各个直播间“串门”比价，挑选最划算的商品下单。

内容延伸性则决定了跨界效率，而跨界能力决定了IP变现效率。就这一点而言，同样加入跨界直播的一众明星企业家们也给外界带来了一些IP变现上的思考，这里面比较有代表性的是雷军、董明珠、罗振宇、罗永浩等。

从圈外寻找新的流量

产品销售追求的是规模化效应，因此无论是薇娅还是李佳琦，抑或是尚未成名的那些带货主播，想要进一步高歌猛进地扩大用户群体，也要考虑从圈外寻找新的流量。

有“出圈”体质的李佳琦，率先在淘系之外为自己收割了一波流量。李佳琦似乎更擅长邀请明星和自己一起玩直播，他的抖音视频中已经先后出现了Angelababy、唐嫣、王源、江疏影、陈飞宇等流量艺人的身影，和明星频繁同框让李佳琦的“破圈”之路愈发顺利。

另据百度搜索指数趋势显示，李佳琦搜索量在2019年激增，“抖音”热度的积累为他带来第一个热度小高峰：当年4月28日，网红小学生天天在抖音上模仿李佳琦话术卖文具的搞笑视频成为全网热议新闻，让李佳琦大规模“出圈”。同年5月12日是第二个热度高峰——微博KOL“深夜徐老师”拍摄了探访李佳琦住所的Vlog，这支视频同样凸显了李佳琦的个人IP实力，微博播放量3000万，并上了热搜。

兴于淘系的薇娅，其实并不是没有做过“出圈”的尝试，但她的路径似乎跟立足短视频的李佳琦不同，而是长视频流媒体平台。她如今频繁出现在综艺节目中，比如2019年4月份录制了谢楠主持的深圳卫视综艺《辣妈学院》，还登上了《天天向上》，后来又宣布常驻由何炅主持的“腾讯”美妆带货真人秀《口红王子》（第二季）。

2020年以后，薇娅密集地更新起了抖音，并且开始接受了更多主流媒体采访。2019年之前，薇娅接受的媒体采访主要为《天下网商》《淘宝天下卖家刊》等与淘宝关系紧密的垂直类账号。但之后她接触了更多的主流媒体，例如她作为演讲者登上《人物》“时间的力量 · 演讲盛典”，同场演讲的嘉宾还有作家路内、石墨文档创始人吴洁。

尽管都是到“淘宝”外部去获得流量，薇娅、李佳琦二人却走着不太相似的路径。

薇娅想走入更主流观众的视野中，从她此前接触到的网综资源，到后来的参加央视网络春晚互动环节、与航天科工火箭公司达成直播发售，其资源开始向官方背书方向倾斜。而李佳琦在淘内和“抖音”都已经颇具知名度，在自己的主场里撬动其他明星的流量则是相对轻松的，加上娱乐圈也存在着明星网红化的趋势，李佳琦的选择可以说是借势。

“出圈”和扩张是为了进一步拉动个人品牌的影响力，李佳琦、薇娅在这方面的布局也比较深远。从促进品牌和销量的角度来看，也见证了这两位超级IP从直播带货到如今资源带货的升迁。在将主播等级进行划分的同时，也构建了商品与IP的关联强度。

如今的直播主播分为三个等级：顶级、中层、低层。对顶级的主播来说，是“货找人”，在直播前一周，主播负责人会放出直播时间，商家随后送来样品供主播挑选，觉得合适就会在直播中推荐。中层主播“挑牌不挑品”，他们倾向于推荐大牌品类，除了能保证质量，还能利用品牌知名度打响自己。底层主播什么都不挑，因为他们的流量很少，没货挑，也找不到货。

尽管薇娅、李佳琦近两年来赚足眼光，也赚够了荷包，但市场风向瞬息万变，一旦出现下一个新的模式，他们是否会被新的入局者所替代，谁也不好说。这也就是李佳琦说的那样，他不能停下脚步，否则很快就会被市场遗忘。

自我“C位”空前高涨

薇娅、李佳琦这样的素人成名，其实也离不开实力如“阿里”这样的巨头“风口”造势。包括此前投资“如涵控股”（一代网红张大奕的关联企业），“阿里”的投资也并非全部指向网红，其重心还是在通过直播带动销量。图片、短视频、直播说到底是商品呈现形式的不同，但最终诉求一定是要落在商业本质“获利”层面。

不仅对外投资、内部孵化IP，“阿里”同样也在强化自己生态内的直播布局。2019年，“淘宝”启动了“村播”计划，计划在全国100个县中培育出1000名农民主播，帮助当地农民利用直播带货直接拉动农副产品的销量。

在“阿里”的“红宝书”里，马云说过这么一句话，大部分人看机遇有以下四个特征：第一阶段“看不见”，第二阶段“看不起”，第三阶段“看不懂”，第四阶段“来不及”。这个金句映射到淘宝直播项目和带货IP身上特别适合。

看不见：2016年到2017年底这一阶段，“淘宝”开始试水直播项目，当时绝大多数人并不知道这究竟是一个什么项目，也不会去关心和了解。

看不起：2018年上半年，很多“天猫”的商家不愿意做淘宝直播，他们觉得淘宝直播比较LOW，认为做“抖音”“快手”的短视频比做淘宝直播洋气。

看不懂：2018年下半年薇娅做出了单场1.5亿元的销量，2019年初李佳琦又横空出世，淘宝直播的“一姐”“一哥”基本站稳。2018年底财务结算，淘宝直播总成交突破了1000亿元。此时部分媒体和投资人看到了淘宝直播，但很多人看不懂。

来不及：到了2020年，好多人想参与进来，发现已经来不及了。最开始淘宝直播几乎没有门槛，流量多到就像开着水龙头浇地。但到了2019年已经开始有门槛，必须做精细化运营，人、货、场要做起来，此时小白入场几乎不再有机会，除非你是传统电商高手，或在内容创作领域造诣很深能做出爆款，或者已经在秀场直播深耕多年。

外部环境中，以“抖音”“快手”“B站”等为先的短视频流量平台琳琅满目，它们的兴起不仅让广大的用户更好地娱乐消遣和记录分享生活，还能通过短视频App强化用户的“养成”及“互动”模式，在大数据智能抓取的帮助下，使用户形成圈子或社区，让用户所见即为所爱。

在快节奏和碎片化信息捕获吸纳进一步加强的时代背景下，两微一端、传统内容猎取和消费场景开始显得局限，广大受众观赏及使用需求也无法被更好地满足。在商业利益的驱动下，流量池和内容池开始转向互动性更强的内容形式。

随着5G和新基建的发展，WIFI的覆盖、移动终端的性能都在不断提升，人们随时随地可以进行拍摄，人人都是摄影师，人人都是UGC（内容生产者）。与此同时，美颜相机、自动滤镜、AI模式等一系列技术的开发应用，使得视频内容更好地迎合大众的普遍审美标准，这催化了公众自我“C位”传播的意愿。

个人IP意识开始觉醒。据《2019中国网络视听发展研究报告》显示，迄今为止，网络视频用户规模已达7.25亿，每一个人都有可能成为下一个薇娅或李佳琦。与此同时，根据《2019中国MCN行业发展白皮书》内容，国内MCN机构数量从2015年的150家发展至2018年的超过5000家，有90%的头部红人都有签约的MCN机构。

如此多MCN机构的涌现，足以证明这里面还有足够大的增长空间，网红开始朝向产业的方向发展下去。只不过批量生产易，IP复制难，想要再造李佳琦、薇娅这样的超级IP，目前市场中尚无成功案例。

打造经得起大浪淘沙的超级IP

很多人说2016年是电商直播元年，那么疫情则让2020年成为了“全民直播”的初始年份。根据Frost&Sullivan的预测，2020年中国网红经济的总规模将达到3400亿人民币，这势必会诱惑更多人蜂拥入场，努力分享到成为IP之后的那杯羹。

低门槛的内容创作，让人人都有机会成为IP。手机在手便能拍能剪，一人出镜也能讲能演。拍摄工具的简单便捷，倾诉需求的鼓励和驱使，视频制作发行的门槛降低……这些都使得不同年龄、不同职业、不同城市地区的各种人群加入短视频阵营。不管是“精英”还是“草根”，他们都可以加入这场“任我主宰”的狂欢之中。

薇娅、李佳琦……这些超级IP或是网红，他们原本只是素人，并非是万众瞩目，因着短视频、直播这些生动的内容形式，他们凭各自的优势吸引了一批又一批狂热的追逐者，成为网友基于共同价值认同而奉为的“偶像”，进而产生越来越大的影响力和号召力。这种由“草根”化身“意见领袖”的蜕变，为短视频的盛行添油助力。

视频时代的异军突起使得个人IP强势崛起，不计其数的“草根阶层”借助短视频的东风跻身“意见领袖”“国民偶像”的行列。

要想打造真正经得起大浪淘沙的超级流量IP，在前期阶段即针对个人特色寻求市场最大化的过程中，需要特别注意以下几点。

用内容塑造IP特征。早期为找准定位的时候，个人IP可能会在短视频的制作中涉及很多的版块，例如美食探店、零食开箱、搞笑段子、情景演绎等，重点不突出、个性不鲜明，使得用户在观看完视频之后很难形成一个长期记忆点，这时他们会针对各个板块用户反馈的数据进行盘查，选定最受欢迎的内容板块之后再次进行复盘。

以Papi Tube签约博主“网不红萌叔Joey”举例，在打造他的过程中，他们就利用大数据对各个板块的数据进行了盘查，最终将重心转到零食开箱（各类开箱）。由于他个性化的表达和真实的表现方式，加上选取的开箱物品都是自己所真心喜欢的，从而达到“人设更真实，粉丝更喜欢”的效果。迄今为止，其全网粉丝量早已突破千万级。

注重选题及创新。根据自己的内容定位和受众群体选择合适的、恰到好处的选题，同时结合当下的时事热点及新潮元素，例如新元素rap、5G、人工智能等，在不悖主题的前提下从深度融合或者角度创新方面下功夫，获得新的创作灵感，以达到抓人眼球的作用。

勤奋创作，保持更新。短视频时代保证用户黏性是至关重要的一环，内容的更新会获取用户阅读习惯，久而久之，用户就会记住你，从而形成消费习惯。而一旦你在一个时间段内没有更新，用户的思维习惯淡化，他们便会转而投向另外一个类似的IP，而你就很有可能彻底陨落，因此不断追求勤奋创作，才能让自己始终活跃在用户群体的视线范围内，使粉丝的信赖度不断加强，让自己立于短视频时代里的流量高地。

当然，也有个别兴趣养成型IP，或多或少有些“无心插柳”的宿命意味。

比如科幻小说《三体》的作者刘慈欣，他从一个默默无闻的工程师，利用业余时间进行文学创作，把自己打造成一个顶级科幻个人IP，然后通过图书、电影和衍生品等实现了IP变现。

一切皆可IP化

人人都是自媒体的时代，个人IP就是个人品牌，也是个人影响力，从本质上讲其实就是流量入口。

个人IP的迎风起舞是新媒体时代下的一大盛况，一个又一个流量爆点的背后隐含的实质是涉及传播学、心理学等一系列理论学科的奥秘。

特别是对品牌主来说，内容可以与潜在的用户进行个性化的连接和互动，而短视频和直播则是一个最好的、沉浸式密集引流和沉淀的途径。那么，为什么品牌主或企业过去不太看重个人IP带货呢？

主要有以下三方面原因。

其一，市场处于多重红利期。改革开放的前40年，我们有人口红利、发展红利。谁跑得快，谁的市场就大。这时候有没有个人IP不重要，有产品就能卖，有广告就能卖。

其二，规模化竞争时代。以前，我们面临的竞争是规模化竞争，每个企业都想着尽可能地将自己做大做强，没有必要个性化。

其三，我国是出口导向市场。我们国家在2003年加入WTO以后，变成了出口导向的国家。做出口导向的话，是否打造IP不重要，反正市场都不认。

而随着传播形式的新颖化和受众定位的精准化，企业更愿意通过一些知名个人IP向市场输出自己的产品、服务，甚至是价值观层面的东西。

这是因为，注意力经济时代中，企业要获得更好的发展，不是靠做大市场，而是在有限的市场里面精耕细作，找到自己的特色，去吸引一群认可你、接受你和喜欢你的用户。人口红利见顶，流量红利见顶，市场中所有人都在绞尽脑汁抢夺存量用户，头部IP拥有更强的圈粉体质、自带流量、瞬间种草能力。

好的IP极有可能让用户当场下单，促成交易。哪怕只是利用“个人金句”这样的武器，都显得比常规广告词来得更有冲击力。比如李佳琦，一句英文“OMG，太好看了吧”就让大家都记住了他，也记住了这个“魔鬼”所推荐的商品。

另一方面，头部IP要么会抓话题，要么会讲故事。他们有本事把有效资源进行整合，找机会巧妙地将个人品牌和产品结合起来，造势、借势、恒势，把一件大家觉得不太可能完成的事情，做成，做大，还做出花样。

除此之外，各类内容平台除了满足用户简单的观看体验，达到娱乐消遣的基础性功能外，还加设了许多更具人性化和趣味性的功能，例如点赞评论转发，受众不再是简单单一的内容被动接收者，他也可以主动进行选择，使得用户观看内容的参与度大大提升，进一步提升了用户的黏性。

比如很多短视频平台往往采用“去中心化”的模式，鼓励用户从观看到主动参与，其中衍生出的各类模板短视频往往能使用户在观看几次后便被“洗脑”，随后纷纷转发，从而形成一种“病毒式”的传播，由个别到群体，呈现出一种传染性的特质。

与此同时，内容平台还集中利用了大数据的智能抓取功能，根据用户在短视频界面停留的时间、点赞评论转发的频次等，确定受众相应的审美趋向和个人喜好，把相应或相似类型的短视频优先精准投送给用户，让用户久久沉迷。

这些手段，也让超级IP们可以更为准确地在广告商、粉丝之间形成连接关系，从而实现更大的利益变现。

超级变现

SUPER CASHING

读商业大咖的创业故事
学超级IP的增值法则

你一定用得上的
增值课

多维包装，增加IP记忆点

再造一个薇娅或是李佳琦或许比较困难，但普通人是否可以借鉴前两者的成功经验，打造属于自己的个人IP呢？

第一步是要找准定位，争取在起步时就快于他人。

打造个人IP最重要的就是找到自己擅长的领域及定位，打上标签，充分发挥优势。简单来说，就是给自己打造一个关键词，人们从你的IP特征中，能够推断出你的个人特征、个人标签，最后决定喜不喜欢你，以及你的相关内容与产品。

拿罗永浩来说，“新东方”受欢迎的英语老师、“锤子科技”的科技匠人、连续创业者、超级段子手，等等，这些都是他的标签，相应的，也能够吸引大量相关类别的粉丝。这需要人们做到以下两点。

一是要明确区间。也就是说，要找到自己（个人IP）发展的明确方向，是在新媒体领域、物流领域、知识付费领域，还是什么领域。我们可以用天赋、能力和时间这个模型，来确立自己发展的领域。

二是要挖掘特色。确定自己的发展方向之后，就可以继续深挖自己的特色和优势，让自己与其他人以及品牌显得与众不同，让用户一下就能识别你，搜索到你。

有种方式是找到某个领域中做得比较好的人，用他来和自己做对比，提升自己的档次。就像“可口可乐”出名后，“百事可乐”出来后就一直和它对比，说自己是年轻的可乐，加深人们印象。当然，最重要的还是找到自己能做到的某个细分领域。

第二步是要多维包装，增加个人IP的记忆点。

定位好以后，一定要会包装自己。就像市场中受欢迎的产品一样，包装一定要有自己的特色。许多产品的包装都可以单独成为商品售卖。具体可以从以下三个方面入手。

标签。心理学上有个效应叫做“曝光效应”，通俗解释就是我们平时说的“日久生情”。你必须不断地给自己贴标签，宣传自己的标签，用户才能记住，并且越来越喜欢你。这一点，与企业打造文化标语和精神口号基本是一个意思。

形象。这就像是一张无形胜有形的名片，衣着得体、外表端庄是对他人的尊重，也是专业的体现。我们了解一个人一定先是从外貌开始的。比如，让学员在能力相同的两个老师之间选择辅导员，其中一个老师身穿西装、外貌整洁、大方得体，另一个则脚穿拖鞋、邋里邋遢，学员肯定会选择前者。

营销。对于品牌主和粉丝而言，IP的生命力就在于他们自身的营销能力。因此打造个人IP，一定要重视培养自己的营销能力，因为从营销学角度讲，无法变现的个人IP都是无效的IP。受邀参加《吐槽大会》主咖的李佳琦，在吐槽过程中也不忘推荐赞助商，这其实就是产品IP的职业素质。

第三步是要注重内容质量，提升个人影响力。

个人IP中很重要的一部分是内容IP，是在某个垂直领域输出知识，其价值往往与产品联系在一起。通过内容IP的打造，可以提升个人IP价值。

什么样的内容才算好呢？概括说来就是，原创性、真实性、针对性、专业性、积极性、合法性。原创内容代表一个人的人格，有利于个体形成自己独有的IP；真实的内容才会引起用户的情感共鸣；针对性内容才利于识别和抓住核心用户；专业的内容能转化为应用价值，持续吸引用户；积极性和合法性的内容，才有大范围传播的可能。

总之，这是依靠个人品牌创富最好的时代，人人皆有机会。

（王曼卿　文）

第 7 章 >>

凯叔，把讲故事这件“小事”做到极致

凯叔，本名王凯，“凯叔讲故事”的创始人及其所属公司的CEO。2013年，王凯从“央视”离职之后陆续创建了“凯叔讲故事”微信公众号及“凯叔讲故事”App等。

王凯通过对声音的精湛演绎和儿童内容的极致打造，以讲故事为介质，以“快乐、成长、穿越”为理念，打造了《凯叔·西游记》《凯叔·三国演义》《凯叔·声律启蒙》《凯叔·口袋神探》《凯叔·诗词来了》《凯叔·神奇图书馆》等IP产品，推动了中国传统文化和科学知识在儿童群体中的普及，向亿万家庭传授育儿指导和非课堂教育的心法。

幼儿园的时候就是故事大王

“我上幼儿园的时候就是我们那儿的故事大王！”

王凯在“凯叔讲故事”官网上曾对幼时的记忆有如下的描述。

上幼儿园时，十分淘气的他遇到了一个像“恶魔”一样的女老师。在他的记忆里，和这个老师相关的三个物件成了他童年的阴影。

第一个是洗衣机。这个老师曾把王凯塞进洗衣机，盖上盖子说：“你再不听话，我就打开电源！”

第二个是窗台。这位女老师曾用双手把王凯按在窗台上说：“你再不听话，就推你下去！”

第三个是水舀子。这个老师有一个铝制的长把儿水舀子，这东西在这位老师的手里有两个功能：一个是舀水，另一个是打不听话的小朋友。

突然有一天，这名老师不再吓唬他了，对他越来越温柔。因为老师偶然间看到，王凯给小朋友们讲了一个故事，大家安安静静地听着。

可以想象，老师态度的转变，对于一个四五岁的孩子意味着什么。原来被老师追着打的淘气小孩，现在却获得了一些老师的青睐与小朋友的羡慕，这些都让儿时的王凯感受到了一种“殊荣”。

这种“被看见、被尊重”的感觉一下子被激发出来，从此，这个“讲故事”的特长就跟定了王凯，甚至变成了他小时候信心的来源。

到了小学三年级，王凯迷上了听评书，特别是田连元先生播讲的作品。那时候，每天晚上六点半，当别的同学在看动画片时，王凯却坐在小马扎儿上听评书。田连元先生声情并茂地演绎，让王凯将评书从小学三年级一直听到了上大学。

上大学之后，王凯立志成为一名配音演员。从大二开始，靠着自身不懈的努力，他进入了北京的配音圈。大四毕业之时，就在大家纷纷进驻各台实习之时，他已凭借在八一厂、北影厂、新影厂、科影厂的录音棚之间辗转配音的出色表现，而在业内小有名气。

2004年王凯调入中央人民广播电台担任文艺之声频道主持人，其间演播大量小说。2005年担任中央电视台财经频道《财富故事会》栏目的主持人。

事实上，王凯第一次是以观众的身份接触的《财富故事会》栏目。做观众时，王凯总是在不断思索如果由自己来演绎，同一段意思将如何阐述？同样是讲故事，在话筒前和在镜头前，对受众的刺激以及讲述者的表达方式有何不同？如果自己从话筒前走到镜头前，又该用什么办法吸引观众与自己一起“品人生百味”呢？

就是这样的思考，让王凯从这档节目的观众，变身成为该节目的主持人。他抓住这个机会，重新定位了自己的工作。

王凯参与录制了近百期《财富故事会》，讲故事的过程也是和观众朋友一起解题的过程。他把别人创业过程中所经历的艰辛和苦难、面对财富时候的不同抉择，改编成一个个动人的小故事，其中穿插着人物起伏不定的命运和心灵的体验，将节目想要传达的健康的财富观不动声色的传达给观众。这档有着积极态度的栏目成了“央视”财经频道的黄金栏目，长期占据着中午的黄金档时段，拥有不凡的口碑。

平顺和有序的工作就这样持续了几年。2013年3月14日，王凯选择从“央视”辞职，并在微博上留下一段潇洒的文字：“今天34岁，今天辞职了。从此问心而生，随性而活。决定不容易，但说出来就是春暖花开。”自此，他再次开启生活的新篇章。

不是每个家长都会讲故事

从人人羡慕的“央视”主持人岗位离开后，王凯有了更多的时间陪伴自己的孩子。在家带娃的一年里，他每天最惬意的时光就是给女儿讲故事。

他笑称自己的女儿是“故事吃货”，每天都要给她讲故事，不在家时必须将故事录好给她。这期间王凯偶然将录制的故事音频分享到幼儿园班级群，竟意外收获了一批“小粉丝”，并亲切地称他为“凯叔”。由此，王凯得名“凯叔”。

我们看到，今天的孩子有太多机会接触各种占领眼球的内容，电子屏幕被诟病，并非仅仅因为影响视力，更深层的担忧是，当孩子习惯成为被动的信息接收者，他们的想象力、交互能力与觉知能力可能也会因此下降。

当许多父母不得不掏出手机、平板电脑等电子设备吸引孩子的注意力，从孩子那里换取一点点放松的时候，或许只需要点开一段故事音频，让孩子打开耳朵，就可以带孩子进入一段奇幻之旅，一个可以让孩子想象的故事世界。

其实，每个孩子都是“故事迷”，然而并不是每个家长都会讲故事，也不是每个家长都有足够的时间给孩子讲故事。这个从小就会讲故事的爸爸，看到了刚需，于是决定以“讲故事”作为自己的创业方向。

为了方便小粉丝们收听故事，王凯注册了“凯叔讲故事”微信公众号，并于2014年4月21日正式创办“凯叔讲故事”，致力于通过“快乐、成长、穿越”的极致内容，让更多孩子拥有幸福的童年。

创业数年来，凯叔始终秉持追求极致的态度，一如他之前所说“把眼前的事情做到极致，下一步的美好自然就会呈现”。

为达到节目内容的极致，“凯叔讲故事”平台内的产品都是与国内科学、文学、音乐、绘画等方面的顶级专家联手打造而成的，并且每一款产品从立项到上线至少经过半年时间的打磨期。王凯录制了《凯叔·西游记》《凯叔·三国演义》《凯叔讲历史》《凯叔365夜》《凯叔·诗词来了》《凯叔·声律启蒙》等上千个音频作品，为亿万孩子带去声音和文化的盛宴。

俯下身，去理解孩子的世界

凯叔创业的“灵感”来自与女儿的交流，有了创业的“灵感”，接下来就是明确创业的方向与路径，凯叔对自己的定位是——用孩子的话，讲述他们爱听的故事。

他逐渐认识到，通过故事不但可以让孩子获得信息，还可以让孩子去到没有经历过的场景当中。

给孩子们讲故事，实际是给他们讲了一个场景，让他们在熟悉或者陌生的场景里边进行心灵上的游历。通过一个个故事，孩子们可以复制这些场景当中的行为；在故事里边，他们可以见识整个世界，见识所有不同类型的人。

其实，故事可以做的事情还有很多，除了知识上的获取，还有心灵上的滋养、性格的养成、价值观的塑造，等等。

孩子从小听的故事如果大多是对抗性的、非此即彼的、有你没我的情节与观念，那么，这个孩子的性格将来就多半会朝这个方向养成，形成极端且具有破坏力的性格。

如果孩子听的故事既有竞争意识，又可以包容这个世界，那么这个孩子就会知道，这个世界不可能按照“我的想象”去发展，或者按照“我的意志”去发展。一旦不再对这个世界充满控制欲，孩子便能从小学会和这个世界和解，幸福感就会提升。

成人和孩子进行沟通的时候，往往拿大人的常识去触碰孩子的第一次认知，因此孩子是没办法理解很多事情的。只有大人有意识地俯下身子来，试着去理解孩子们的世界，用他们的认知水平与之沟通，才能有效地引导孩子正确理解世界。

2014年至2017年，凯叔写出了70万字的文案，增删数次，最终形成一部40万字的幼儿音频节目《凯叔·西游记》，这像一记重拳迅速砸开市场缺口。很快，“凯叔讲故事”在亲子领域中声名鹊起。

俯下身，去理解孩子的世界——在这样的认知下，凯叔在改编一些文学名著时，加入了大量的孩子“视野”。这种改变到了什么程度呢？按照凯叔自己的话来说，“有很多是价值观的改变”。

我们以《西游记》为例。凯叔在改编《西游记》的时候，第一步就要做到让三四岁的孩子听起来没有任何情节的障碍，不会听不懂。而父母的需求和儿童教育工作者的使命，其实是让孩子们在吸收内容的过程中获得一些成长。

比如《真假美猴王》这一情节。《西游记》原著的价值观可以用三句话概括，“我灭你”“你灭我”“我找人灭了你”。但现在这个世界，非此即彼的事越来越少，“我们”如何去接纳对方？其实更重要的是，“我”要先接纳自己，如果连自己都接纳不了，那其他的都白搭。

《真假美猴王》原著讲述了俩猴子一模一样，互相争抢师父。师父分不出真假，观音分不出真假，俩人打打打，打到大雷音寺。佛祖拿金钵一照——这个是假的，一棒打死！这是典型的非善即恶，非此即彼。

凯叔是怎么讲这个故事的呢？我们从其在2018年12月20日《生命·成长》系列教育纪录片第一季的访谈中，还原一下当时他和女儿的对话。

凯叔：“当年，在花果山上，有块灵石，它吸收了天地日月的精华，修炼出了一颗心。这颗心，在同一件事情上总是会有两种想法，每生出一个念头，就有一个念头反对自己，最后，巨石訇然中开，蹦出两只猴子。

“观音问如来：怎么是两只猴子？如来说：一只是灵明石猴，（就是你认识的齐天大圣），一只是六耳猕猴。这时候，地藏王菩萨问佛祖：佛祖，两个猴儿可有一善一恶？佛祖一笑说：晴天阴天可有善恶？这世界上没有那么多善恶对错，更多的是不同，你接纳了不同，才会有大同。

“俩猴子这时候站起来，四目相对，越走越近，眼神当中已经没有了乖戾，更多的是好奇，就像两个婴儿第一次见面的眼神一样，越走越近，面带微笑。这个时候，佛祖说：悟空好悟性，我助你一臂之力！金钵甩下去，变大，把两只猴子罩住，飞快地旋转。佛祖一挥手，金光一收，大殿之上，只剩下一个孙悟空。孙悟空纳头便拜：多谢佛祖，俺老孙又活了一回！

“从此悟空走在取经路上，再不纠结。

“孙悟空实际上是接纳了自己，其实人最难接纳的就是自己。”

女儿：“爸爸，我听明白了！”

凯叔：“你懂什么了？”

女儿：“我说孙悟空为什么取经之前特厉害，取经之后就不厉害了呢！”

凯叔："为什么呀？"

女儿："闹了半天，他把自己给丢了！"

父女俩的一番对话，让凯叔觉得孩子对故事的理解和大人们想要表达的完全不同。不过后来他觉得，其实女儿是否听懂没有那么重要，她只要爱听，这个故事就装到她心里了。"如果有一天她自己跟自己过不去了，可能是茫然了、痛苦了，她想起这个故事，能给她起到一些疗愈的作用，我就觉得，善莫大焉。"

一次性投入，长期有收益

创新创业项目，要想快速做起规模，势必离不开另一个重要的课题，那就是融资。只不过，在唯快不破的互联网竞争时代，像凯叔这样对自己的作品保有坚定的"偏执"态度，可能会在某种程度上拖累资本的热情。

从这一点来看，"凯叔讲故事"的融资速度在创投界其实并不算快，甚至有点"龟速"。就连凯叔的朋友、同样从"央视"辞职进入创投领域的张泉灵，也曾"怼"过凯叔："你发展这么慢，你不着急吗？"

根据网上公开资料，盘点一下“凯叔讲故事”的融资历程。

2014年10月，获得由“黑马基金”“天神娱乐”投资的Pre-A轮融资，金额为450万元人民币。

2015年11月，获得“分享投资”“森马服饰”和“丰厚资本”参与的数千万元人民币A轮融资，但未透露具体融资金额。

2017年5月，获得由“新东方”领投，“挚信资本”“浙数文化”（原“浙报传媒”）“艾瑞资本”跟投的9000万元人民币B轮融资。

2018年3月，完成由“微影资本”“正心谷创投”“上海坤言投资”领投，“挚信资本”“前海母基金”跟投的1.56亿元B+轮融资。

2019年7月，完成由“百度”领投，“新东方”“好未来”“坤言资本”跟投的C轮融资，融资规模超5000万美元。

2020年2月，完成由“挚信资本”领投，新加坡投资公司“淡马锡”和“正心谷”跟投的6600万美元C+轮融资。

其实最开始，凯叔连A轮融资都是拒绝的，因为他不想让自己的产品成为一个“快消品”，他想做一个儿童音频产品，然后自负盈亏。后来，在好友牛文文的建议下，凯叔最终接受了“黑马基金”450万元人民币的Pre-A

轮融资。

在变现途径上，最重要的是电商。“凯叔讲故事”公众号的优选商城里可以看到图书、文具、家居等多种产品。对于营收水平，凯叔曾公开表示，仅2016年下半年“凯叔讲故事”的营收就在6000万元，其中电商占比超过60%，目前累计用户1400多万。

随着口碑的推动，到了2018年3月B+轮融资的时候，“凯叔讲故事”的用户人数已从两年前的400万一跃增长到了2000万。按照凯叔的计划，未来公司还将跳出其互联网传播的内容渠道，利用已有的IP优势布局线下场景，与国内知名母婴品牌和渠道商合作开展线下销售，招募城市合伙人打造形象实体店，将非课堂儿童教育带入幼儿园，等等。

但“凯叔讲故事”同样也面临与其他创业企业相同的问题，比如流量入口割裂的问题。从这一点来看，C轮融资引入“百度”可能就是为了缓解这个问题。

公开资料显示，事实上早在2018年7月，凯叔就在“百度”开发者大会透露过，“凯叔讲故事”的品牌已经接入百度DuerOS平台，双方的合作方式是“技能内付费”，即DuerOS平台为内容开发者降低了AI技术的门槛，使产品能够在不同的场景下与用户产生交互，让内容开发者的变现能力更加凸显。

让用户选择自己喜欢的内容付费，尤其是儿童内容，孩子喜欢听什么故事，家长就可以购买什么故事，对读者和内容生产者来说都是一种非常合适的付费方式。

相较于那些成立三四年，却难逃不断挣扎在“烧钱换流量、流量变现难”的创业公司，“凯叔讲故事”最大的不同是创业时已经对商业变现路径琢磨得比较通透了。

凯叔认为，音频产品不同于实物，是一种可以一次性投入且长期收益的产品，成本支出可控，新增的用户消费就是收益的叠加。

如果一部音频作品能够卖10年、20年，不断地产出优秀的产品，那么，在成本可控的情况下，横向上产品和用户积累越来越多，纵向上时间积累越来越长，无论在横向收益还是纵向收益上，这都是驱动一家公司良性运转的现实动力。

从亲子平台上升为服务生态

创立公司至今，凯叔的身份也发生了很大的变化，他已从此前内容创作者的身份，转变成为一家企业的经营者和管理者；而“凯叔讲故事”也从一个单一的音频产品，转变为一家生态化经营的互联网企业，一个围绕着“凯叔”这个核心IP衍生出来的越来越多元化的商业形态。

经过多年孵化，“凯叔讲故事”目前的经营模式主要拆分成两个部分：其一是在凯叔这个IP的起点上，团队延展出了新的IP，比如麦小麦、白马王子、宝拉、肚大嘟等，现有的IP相互连结，形成IP矩阵；其二是基于内容拓展的业务，发展出“凯叔学堂”“凯叔优品”“衍生硬件”等。

这些产品，都指向于凯叔对公司终极形态的商业期盼：做一个童年品牌，影响未来一代国民记忆的童年品牌。

从“凯叔讲故事”的发展路径可以清楚地看到，凯叔非常明确自身核心能力就是讲故事，因此创业初期他并没有将过多精力放在商业变现上，而是首先把故事讲好，再一步步打造自己的知名度。

当他成为一家企业的管理者并需要带动企业更好地做经营的时候，他开始逐渐投入更多的精力到“如何让自己的个人IP长久释放价值”层面，然后推出内容之外的更多产品和服务，再通过技术和策略将这些产品按照不同年龄段的用户特征进一步细化。

现在凯叔创造的是一个亲子平台，除讲故事以外，公司还发展了许多针对不同年龄段和不同兴趣人群的业务，比如哄睡神器、玩转尤克里里、专注力学习、数学魔术等。

梳理下来就是——“凯叔讲故事”起家于内容产品，成为IP受到更多关注，顺势推出公司获得更大发展，围绕核心IP打造出更多衍生产品，并最终将公司升级为富含人情、连接因素在内的亲子互动平台。

在这个过程中，“凯叔讲故事”的亲子平台也逐渐上升为一个亲子服务生态。当这个平台有了千万级以上的家庭用户后，就有能力赋能很多不同类型的亲子品牌，与他们产生合作，平台自身的商业模式也得到进一步的升级。

对于公司眼下的经营能力，凯叔在接受“36氪”媒体采访时曾透露，2018年公司营收已突破两个亿，2019年收入较上一年继续增长，仅App的用户量已超3700万人次，会员续费率及格。

随着IP价值的不断释放，“凯叔讲故事”已不再是一家单一的内容公司，而是一家以内容为入口的企业。因为内容对于任何产业都是上面一层薄薄的“衣服”，比如说汽车产业很大，大家会通过汽车方面的内容来认识汽车产业。

从以内容为切口进入某个领域之后，好的内容可以不断地与用户交互换新，并形成品牌。但需要说明的是，一旦内容拥有了品牌之后，后期只做内容其实就是对品牌价值的巨大浪费，因此需要更多内涵去丰富这个品牌。

移动互联网时代，品牌的传播并不是把内容做好后就交给渠道，广撒网传播就好了，这种方式和“老祖宗”传播没有区别，只不过内容从印在纸上转而为印在网站上。

新品牌传播逻辑，除了内容和分发，运营手法和产品表达都是内容服务的一部分，产品的表达方式也是内容的一部分，此前贩卖的内容只是这个新定义下的内容“原材料”，真正具有极大附加值的是经过深加工的内容：不同渠道，对应不同场景，做特定服务设计。当内容输出具象成一个实体的时候，它本身又成为一种新的“广告”。

要敢于“舍得”

在亲子教育赛道里，“凯叔讲故事”是个特殊的存在。

2013年、2014年，凯叔决定入局这一领域之时，这个市场上早已硝烟弥漫，有交互式虚拟陪伴起家的“小伴龙”，以儿歌切入市场的“贝瓦”，还有早教内容生产商“宝宝巴士”，这些行业先行者早已站稳脚跟，并把视线投向了更大的版图。

尽管自带名人光环，但凯叔想要瓜分蛋糕，其实面临的竞争和挑战一样不小。“创业之初我特别自信，觉得一张嘴就能制造出好产品，后来发现根本不是。”讲了2000多个创业故事的凯叔曾坦言，自己创业该踩的坑一个也没能避免，唯一的区别就是知道坑在哪里，是个什么坑而已。眼下的成功，有很多其实也是“碰”出来的。

只不过，“凯叔讲故事”还是能给诸多创业者带来一些商业方面的启发。

第一，对自己的特长保持热情，坚持专业。

内容产品天然倾向于做覆盖面积广、容易起量的平台，但“凯叔讲故事”的所有内容都是团队自主研发所得的，原创是凯叔团队的内容准则之一。在追求效率第一的互联网环境下，“凯叔讲故事”每个项目从立项到上线至少需要半年的时间，要经历内部“品控会”的层层把关，筹备一年还“过不了审”的项目比比皆是。最简单的例子是创业初期的《凯叔·西游记》，该稿写了三年，从70万字浓缩到40万字。

做原创无疑是“慢”的，精品原创的打磨周期则更长。但从结果来看，“凯叔讲故事”似乎是一个内容行业“慢即是快”的案例。根据凯叔在“36氪”专访中所提到的数据，App的日均收听时长超过了60分钟；而在疫情期间，这个数据延长到了130分钟，且内容的平均复听指数是1.7。

第二，精准抓住市场共识，并把满足这个共识做到极致。

在这样一个人人都想成为独角兽的年代，要耐得住快速套现的考验，才能熬出属于自己的一方领土。就像马云说的那样，“成功的秘诀就是把一件小事做到极致”。

按照凯叔自己的说法，公司现在所有的产品与合作伙伴并非是“凯叔讲故事”的全部，这家公司发展壮大的背后，最大的共识是内部从上到下对做“对的内容（符合孩子口味）”有着一致的追求，同时也在内容的基础上不断探讨怎么做出更多好的IP产品，怎么保持企业价值观，等等。

抓住受众用户的需求共识，才能让一家公司沿着对这个需求的满足去明确自身的商业定位，这得益于凯叔对自己女儿的观察。在真正创业之前，凯叔每次给女儿讲故事并不只是输出内容，而是在一次次给女儿讲故事的过程中，记录下女儿的情绪节奏，结合这些情绪反馈，挑选出其中最符合孩子偏好的段落放在微博上做分享。

正是靠着对孩子们理解共识的精准定位，凯叔的微博在短时间内迅速聚集了大量种子粉丝的关注，这也为其创业和后期更深的公司经营奠定了很好的基础。

做IP、做企业经营的路虽然每一步都很艰难，但每一步都应该很扎实，这样品牌才很难死去。“很难死”这个说法听起来好像没出息，但也正因为“不死”才意味着创业者永远在牌桌上，进可攻，退可守。

第三，要敢于“舍得”，特别是有变现能力的业务。

内容起量之后做电商是比较常规的玩法，最早让“凯叔讲故事”这家公司活下来的主要收入来源是在公众号电商卖《凯叔·西游记》，当时电商也卖得不错，但电商的瓶颈会比较明显——当电商板块做大之后，企业的竞争对手就不再是各个公众号了，而是垂直电商。

其实凯叔所面对的儿童用户有很多，但一般情况下手机都在妈妈的手里，如果当时卖内衣的话一天可能卖上百万。但是电商这条路对于早期的“凯叔讲故事”来说，既不是凯叔的兴趣所在，又不具备“基因”特长。

更何况，从一个品类上跟一个平台去竞争，是非常难的一件事，垂直电商的一个部门可能就会把一家内容公司给耗死。在反复纠结到底要不要赚这部分钱之后，凯叔最终还是下狠心在2017年的时候砍掉了所有非儿童产品。此后，一直集中精力围绕孩子的生活和学习场景做自有产品的开发。

拼尽全力，可以接受任何结果

个人IP也会存在一定的问题。举个例子，斯嘉丽在加入“漫威”之前是斯嘉丽，而加入“漫威”以后就成了“黑寡妇”。这种烙印一旦被打上，剧本方在选定角色时很难打破这种根深蒂固的感知，这也在某种程度上限制了个人IP的横向发展。

从“凯叔讲故事”已有IP形象来说，凯叔应该是注意到了这个问题，所以刻意回避被自身IP所禁锢。仅以语文这个业务线来说，除了凯叔这个真人IP，还有鸡飞飞、凯糊涂老师等其他虚拟IP。

但孵化一个新的IP其过程和投入还是比较漫长的，不如直接雇佣一个名师来得简单。然而自孵化IP的好处在于整个过程中，公司对IP的掌控权会更强，且一旦运营起来，IP的边际成本会不断降低。

先易后难和先难后易，不同公司基于自身理念和发展阶段，自然会有着不同的选择。内容的表达方式可能会随着时代发生变化，但IP背后的价值体现始终还是会落在社会层面，在精神上引导孩子快乐健康地成长。

与此同时，相较于市场竞争，“凯叔讲故事”目前遇到的另一大问题是，自己产品之间对用户流量的抢夺。如果说内容这一块已经站稳了，那么要想将“故事”讲得更好，后面就要思考如何将这些音频、图本、视频、硬件、衍生商品等配置起来，更深度地服务用户了。

相信任何一家企业在创立之时，都想着基业长青，只不过如今时代变化实在是太快了，这种理想往往是一种妄念。凯叔在接受《南方人物周刊》采访时曾说：“我拼尽全力，可以接受任何结果。因为努力这件事，有时未必为了结果，而是为了此时对得起这个时代，此时对得起所有的机会，此时对得起自己。”

（王曼卿　文）

第 8 章 >>

张庭，从“酒窝美女”到“微商总舵主”

提起张庭，“80后”“90后”的第一反应，大概是“那个演员”“酒窝美女”一类的词汇。

在“80后”记忆里的《戏说乾隆》一剧中，彼时21岁的张庭与郑少秋和赵雅芝这样的知名演员合作，其酒窝里已经漾着挡也挡不住的灵气。“90后”们被穿越剧鼻祖《穿越时空的爱恋》打开眼界，有头发的徐峥和古灵精怪的“小玩子”张庭一样让人难以忘怀。

但再年轻一些的朋友，对“张庭”这个名字的条件反射，就不再是“演员”而是“微商”了。

明星转型微商“吃螃蟹”的人

2013年，张庭和丈夫林瑞阳创立品牌“TST庭秘密”，开始做护肤品生意，成为第一批试水微商的明星之一。数年后的今天，张庭微博里刷着自家产品，综艺上“安利”面膜乳液，抖音里铺天盖地都是夫妇俩与旗下品牌代理商们的热情互动……“演员”张庭作为TST的创始人、代言人，已经和品牌深度捆绑，摇身一变成了“微商总舵主”。

张庭，1970年出生于中国台湾，18岁通过一支广告入行，1991年与郑少秋、赵雅芝合作《戏说乾隆》后开始受到关注。内地观众更多则是通过《绝色双娇》《穿越时空的爱恋》等热播剧认识了这个有可爱酒窝的女生。而张庭的老公林瑞阳虽然现在时常被嘲像“张庭的奶奶”，但他最早也是混迹演艺圈的“台湾第一小生”，曾是琼瑶奶奶钦点的男主角。

两人婚后定居内地，林瑞阳直接退出娱乐圈，转行搞起了房地产，一度因“330亿地产大亨”头衔刷屏媒体。留在圈内的张庭则去上海师范大学读了美术学院的研究生课程，取得了硕士学位。与此同时，她的表演作品越来越少，最近一部引发围观的剧已经是6年前以配角身份参与演出的电视剧《武媚娘传奇》。

如果按这条路继续走下去，若干年后的张庭在观众印象里，或许就是“曾经的灵气演员，如今的豪门阔太”。但是，2013年微商兴起，林瑞阳和张庭夫妇毫不犹豫地投身微商大潮，成为明星转型微商大军中第一批“吃螃蟹”的人。

2013年，林瑞阳、张庭夫妇创立贸易公司，并推出旗下品牌“TST庭秘密”，以化妆品、护肤品为主打品类，打造的品牌理念为“选择美丽，天生美丽”。明星创业做护肤品，可想而知，“TST”的最大卖点就是“和明星一起护肤”。顶着“冻龄美女”的称号，创始人张庭成为“TST”的首位代言人，而在“TST”官方网站和店铺中，“明星推荐”“明星都在用它”等字样几乎出现在每一款产品推荐中。

品牌背后，还有一个爱情故事。

两人刚在一起的时候，张庭对林瑞阳说自己害怕变老，希望能永葆青春，于是林瑞阳从法国花大钱引进“活酵母”技术，又请了一整个研发团队来做产品研发。而张庭在“芒果TV”综艺《我是大美人》中宣称，自己的冻龄秘诀就是用林大哥“爱的产品”整整19年。这个故事不管你信不信，显然“TST”品牌的数百万代理商和数千万消费者是信了的。

紧接着，张庭发动自己在娱乐圈积攒多年的人脉，开始让自家的产品出现在各路明星的脸上，最先下水的是徐峥和陶虹夫妇。2003年张庭与徐峥因合作《穿越时空的爱恋》相识，继而与其妻子陶虹成为好友。据张庭在采访中爆料，“林大哥”林瑞阳做地产生意时，曾带着徐峥、陶虹夫妇炒房赚了数千万；做了新品牌“TST”，她自然要告知好朋友，陶虹随后通过其名下的北京最陶然服装服饰有限公司入股“达尔威”并出任董事。

徐峥也多次公开为“TST”品牌站台，称“她们（陶虹和张庭）都是美容护肤方面的专家，所以我相信她们合作的产品一定是最棒的”。从演员转行导演的徐峥凭借“囧系列”电影成为最卖座导演之一，其作品《港囧》上映时，“TST”还推出过合作款面膜“囧膜”，当时出演《港囧》的演员赵薇、杜鹃、包贝尔等，也因此加入了现身推广“TST”面膜的明星行列。

除了徐峥夫妇，凭借《爸爸去哪儿》大火的曹格、吴速玲夫妇也是“TST”品牌的合伙人，曾多次出现在“TST”发布会、年会等场合，亲自为“TST”站台。“女神”林志玲则在2017年官宣成为“TST”胶原蛋白果味饮代言人，声称“年销售量高达4400万瓶，拥有少女颜的志玲姐姐也爱不释手”。“TST”成为东方卫视《极限挑战》第五季赞助商后，“小猪”罗志祥也喜提“TST”苹果肌面膜代言人。

在合伙人和代言人之外，范冰冰、赵丽颖、刘涛都敷着“TST”面膜发过微博，何炅、黄磊也都“友情转发”过，黄致列、杨培安都为“TST”团队活动站过台……论咖位和量级，“TST”真的是半个娱乐圈都在推荐的微商品牌了。

微商冠名综艺之风渐起后，“TST”也第一时间成为东方卫视大热综艺《极限挑战》第五季的特约赞助商，同年还与“爱奇艺”平台合作推广其明星产品——活酵母新生面膜乳，风头相当强劲。

冲上"纳税冠军"的宝座

"TST"作为一个创立于2013年的品牌，能从一众微商品牌中脱颖而出，自然与张庭和她的明星朋友们大力推荐有关系。

但跨界从商的明星多如牛毛，就连做护肤品牌这事儿，也是上到影后刘嘉玲、下至"浪姐"翻红的伊能静、钟丽缇，都有过尝试的。刘嘉玲曾参与以自己名字命名的"嘉玲面膜"，产品方宣传称刘嘉玲从最初的选材包装到最终产品定型都亲自参与其中。伊能静也曾在2014年成为某面膜品牌创始人，主打"伊能静亲研蕾丝面膜"。"冻龄男神"林志颖也曾创立爱碧丽生物科技有限公司，推出自己的胶原蛋白饮品……

做护肤品的明星这么多，为什么只有张庭看起来做得最成功？

张庭对自己的定位非常准确，她不是"脚踩两条船"式的跨界创业，而是彻底转型成了一名微商老板。

首先，演员时期的张庭，习惯遵从演员"戏外低调"的处事方式，恋爱、生活都以避开公众视线为第一要义，就连她和老公林瑞阳的恋情曝光，也是因为两人被记者拍到"牵手游京城"而对外宣布的。创立"TST"品牌并成为代言人之后，张庭一改低调作风，开始在社交网站上大量曝光自己的私生活，秀恩爱，晒豪宅，竭力把自己打造成一个美丽又被爱的女性形象，而这正是微商成功的第一步：打造个人IP。

就像所有微商代理的朋友圈一定会发“入行3月，喜提超跑”的喜报一样，站在微商“金字塔”顶的张庭，需要把自己打造成一个360度无死角的成功人士：作为代言人，她要向女性用户展示使用“TST”产品带来的冻龄美颜，以及由此诞生的和美家庭与幸福婚姻；作为老板，她要让所有代理商看到“TST”的经济效益，从几十亿的品牌销售额到十个月的个人年终奖，只要涉及营收，张庭团队都不吝于用红底金字的大喜报贴满互联网。

因此我们看到，成为“TST”老板之后的张庭，是50岁穿校服扎马尾仍然毫无违和感的冻龄女神；是被林瑞阳宠成公主，在家上洗手间都是“林大哥背我去”的幸福小女人；是据传在上海市中心拥有1650平方米豪宅，走在家里不小心都会迷路的豪门阔太……至于林瑞阳豪掷17亿买下上海徐汇区一栋写字楼作为“TST”公司总部、“TST”销售团队包豪华游艇开年会等新闻，更是值得大书特书的。

所以谁又能想到，时隔多年演员张庭和林瑞阳再上热搜，是因为“张庭夫妇微商纳税21亿”这样的商业新闻呢？夫妻两人一起作为优秀企业代表参加2019年上海青浦区“百强企业和创新创业人才表彰会”的新闻图，“80后”们看到了，也不得不感叹一句“恍如隔世”啊。

在张庭用6年时间牢牢树立的人设之下，是数百万的品牌代理商们垒砌的“TST”这个“微商帝国”：虽然是演员创业明星带货，半个娱乐圈带来的明星效应让"TST"这个品牌更容易从一众微商品牌中脱颖而出，但说到赚钱，"TST"的营收本质上还是依赖于微商的分销模式。相比"TST"在2016年后发展出的线上商城、线下实体店、实体专柜等销售场所，数百万代理商们基于人际关系搭建的社交网络才是"TST"品牌消费者的主要渠道。

"TST"品牌的会员代理招募网站上，打出的招牌是"0门槛无要求，0代理费无成本，0囤货无压力"，"TST"代理商则在接受《每日经济新闻》采访的时候，将加盟"TST"代理的方式概括为"免费办理会员，零投资零囤货，公司一件包邮，业绩越高返点越高，返点在15%～32%"。

慕名加入"TST"代理大潮的，有"一个月收入买超跑"的微博红人"TST西南大区负责人阿紫"，当然，她的走红是因为与"TST"创始人张庭丈夫林瑞阳的亲密合照和十指相扣。更多代理则是疯狂在微信、微博等社交网站刷屏卖货、梦想一夜暴富的底层微商们。"TST"官网显示，目前品牌的会员代理商已经超过800万，创业合作公司2712家，覆盖用户超过6200万人。这800万刷屏的"TST"代理商们聚沙成塔，造就了张庭和林瑞阳的"微商帝国"。

上海市青浦区官方微信公众号"绿色青浦"发布消息，称"TST"品牌主体公司上海达尔威贸易有限公司是2018年度青浦区"纳税冠军"企业。据说，"达尔威"2018年纳税总额高达12.6亿元，虽然与网传的"纳税21亿"不符，但"纳税冠军"的名头确实是官方盖章认证的。

在“美商社”发布的2018年中国化妆品富豪榜中，张庭夫妇以300亿资产排名第二，仅次于“立白集团”创始人陈凯旋，“纳爱斯”“隆力奇”“百雀羚”等国产老牌企业掌门人都排在“TST”之后。而在微商领域，张庭夫妇则是名副其实的国产“首富”。2019年，张庭的总排名虽然掉到第四（“立白集团”“蓝月亮”和“隆力奇”之后），但在微商中，夫妻俩仍遥遥领先。

这份荣誉，显然大部分要归功于800万“TST”代理商。

庞大代理商自带人际关系网

我们来说说微商这个商业模式。

微商自诞生以来，虽然争议从未间断，但这个崭新的领域所具备的强大商业价值却也是毋庸置疑的。微商到底是什么？微商应该如何做？在外人眼里，这潭水有点深。

目前，微商约定俗成的定义是：基于移动互联网的空间，借助社交软件为工具，以人为中心、社交为纽带的新商业。

基于这个概念，我们可以选择两个对标商业形式来理解微商崛起的原因：从依托平台来看，“基于移动互联网的空间”让微商和电商平台根植于同一土壤；从销售方式来看，“以人为中心、社交为纽带”则容易把微商和传统直销联系在一起。

而微商的优势，也就是电商平台兴起和直销曾经盛行的原因。

先来看直销。直销是直销企业招募直销员，由直销员在固定营业场所之外直接向最终消费者推销产品的经销方式。比如我们熟悉的“安利”，就是以这种经销方式传入我国，成为规模最大的直销企业之一。

这种经销方式的最大优势，就是企业越过代理商、分销商、广告商等中间流程，通过直销员直接接触消费者，从而节省成本，企业更多让利给消费者，同时收获更高利益。同时，中间流程简化，企业直接对接直销员，也在很大程度上限制了假货的流通，从而维护市场秩序，更好地促进行业发展。

直销最大的魅力即双赢，微商亦同理。以张庭的微商品牌“TST”为例，在“TST”官方商城给出的代理优势中，“全国统一价，降低市场干扰”和“统一拿货，杜绝假货”都是其吸引代理加盟的宣传手段。

然后是电商平台。随着互联网发展、物流业完善，电商平台已经从十几年前的不被理解发展到如今的不可或缺。相比传统的实体店销售，电商平台的虚拟空间省去店面的相关成本，一对多的客服形式也大大减少了人工成本。这些优势，根植于互联网土壤的微商，也同样具备。

但如果只是简单地把微商看做是直销在移动互联网普及之后的电子化，仍然太过草率。互联网普及让微商代理们可以把对商品的展示、销售和客户维护都转到线上平台进行，进而直接降低了传统直销员需要投入的沟通成本。因此，门槛低、易操作、工作时间碎片化也是大多数微商品牌招聘代理时的主打噱头。比如张庭的“TST”品牌，在招聘代理商时，就主打“无需代理费，免费加入”和“手机在手，即可操作”等噱头。

相较于日臻成熟的电商平台，微商仍然有着它独特的优势，而这也是微商能在电商平台厮杀中另辟蹊径，短时间内迅猛发展的根本原因。

众所周知，在“淘宝”“京东”等老品牌树大根深、“拼多多”“小红书”等后起之秀迅速更迭的今天，品牌在电商平台的厮杀越来越仰仗于前期积累的口碑和后期推广的投入。从中间商环节省出的差价，如今大把大把投入到广告投放和流量导入中。

而微商的最大优势，是其数量庞大的代理商群体自带的人际关系网，这些关系网织成的是让老牌社交平台也难以望其项背的巨大流量池。

单就微商的诞生地而言，2020年第一季度腾讯微信及WECHAT月活账户已经达到12亿。而中国电子商会微商专委会发布的《2016～2020年中国微商行业全景调研与发展战略研究报告》显示，目前我国微商从业者已近

3000万人。这3000万人，就是散落在12亿总用户中“移动的广告位”。最重要的是，这3000万个广告位的最大优势就是免费。

仍然以张庭和“TST”为例。“TST”旗下的800万代理商，每个人的朋友圈都是品牌做广告的平台。我们来算一笔账。

根据微信公众号后台显示的广告位合约购买方式，如果将投放方式选为朋友圈信息流，定向人群设置为北京市、20～40岁、对美容美体有兴趣的人群，“腾讯”官方给出的报价建议是115元/千次曝光。也就是说，投放微信朋友圈的广告位，人均曝光成本约合0.11元。

而“TST”的800万代理商，假设每个代理商有100位微信好友，每人每天发布一条与“TST”产品相关的朋友圈，曝光量就是8亿次。而这个广告如果等量投放微信朋友圈，“TST”每一天需要支出的广告费用就是8800万。更何况，每个微商的朋友圈还有个人的社交关系做加持，广告效果与“广撒网”式投放自然不可同级而语。

微商有风险

就像“微商”两个字自带的舆论争议一样，这种商业模式的弊端也显而易见，主要集中在两个维度。

其一，“三无”产品泛滥，存在质量风险。

微商发家之初品牌鱼龙混杂，朋友圈充斥着“三无”保健品和护肤美妆产品，深受其害的人不在少数。即便是明星老板做背书的“TST”，也曾多次陷入“导致毁容”的负面新闻中。

2016年3月初，有网友在微博发布文章《TST庭秘密导致毁容》，称自己使用“TST”产品导致烂脸，而她的个人照片还遭到“TST”代理团队盗用以作虚假宣传。一时间“TST”和张庭被推上风口浪尖。事后张庭在微博发长文回应，称“TST”产品“依法合规三证齐全，且有专业的第三方检验检疫机构做卫生安全性试验”，至于用户烂脸的事情，则是因为“每个用户的肤质不同，所以会对化妆品产生不同反应”。

风波并未因此平息，同年7月，《消费者报道》的“3 · 15”消费投诉年度案例中，“TST”因被多名消费者投诉称“使用TST过敏”而榜上有名。

其二，易触红线。

微商诞生之前，以社交关系为基础的直销曾一度被消费者与违法传销混为一谈。虽然现在直销的方式已经被很多用户认可并接受，但这是从直销模式进入中国市场之后，经过几十年发展，在各项管理政策的迭代和约束下取得的成绩。

1990年，中美合资广州雅芳有限公司以直销申请注册成立，标志着我国将直销正式纳入工商管理的范畴里。短短四年后，国家工商行政管理局就发出《关于制止多层次传销活动违法行为》的通知，足以见得传销和直销之间的藩篱有多么容易跨越。此后多年里，多层次传销都是国家重点管理的对象，因为非法传销大肆猖獗，直销行业也在很长一段时间里受到重挫。直到2005年《直销管理条例》和《禁止传销条例》出台，直销才逐渐恢复繁荣。

今天，获得商务部颁发直销经营许可的内外资企业拢共不过90家。虽然2010年开始商务部将对直销产品的审批权限，下放至省级商务主管部门，但对直销，法律政策的监督管理作用从未松懈。

即便如此，近年直销企业仍然负面新闻频出，甚至有违反法律的活动。

2018年底，“直销巨头”“权健”被曝抗癌产品致癌症患者病情恶化并死亡，随后被证实涉嫌传销，“百亿权健”轰然倒塌。2020年1月8日，“权健”创始人束昱辉因组织、领导传销活动罪被判处9年有期徒刑，并处罚金5000万元。

另一个“直销大户”无限极（中国）有限公司近年也深陷涉嫌虚假宣传、违规直销的舆论风波。

识别传销通常要看三大特征：入门费+拉人头+层级式计酬方式。根据国家对直销和传销的相关规定，通常超过两级的多层级销售模式就有可能被认定为具有传销的性质。同时，《禁止传销条例》第二章第七条也规定：组织者或者经营者通过发展人员，要求被发展人员发展其他人员加入，形成上下级关系，并以下线的销售业绩为依据计算和付给上线报酬，牟取非法利益的，属于传销行为。

对号入座不难发现，微商仰仗的多级分销，与传销也常常只有一线之隔。

以某微商品牌为例。品牌官方会员代理招募的简介中显示，代理分为小金卡会员、金卡会员和公司创始人三大等级，其中金卡会员又分为F1、E、D、C、B、A六大细分等级，各个等级之间自购折扣相同，都是9.25折，但积分计算（即销售提成）从15%到41.5%不等。

代理商们在各自的微信公众号中则更详细地介绍道："销售团队分为7个级别，销售提成为15%～32%，级别越高提成越高。"有的公众号文章中甚至直接写道："当团队达到一定的数量和规模，就算你不做，在睡觉，在旅游，等等，但你团队的其他成员在做，你也会有源源不断的收入。"

这些诱导性文字，很容易被认定是传销。

微商玩出更多新花样

虽然存在诸多争议，但作为迅猛发展的新兴商业模式，微商的存在与发展必然有其独特的意义和历史使命。

与发展数十年的直销一样，微商在经过六年的野蛮生长之后，开始走上有法可依、条例日渐完善的飞速发展期。2019年1月1日，《中华人民共和国电子商务法》正式实施，微商纳入电商经营者范畴，消费者维权开始有法可依。

对于身处其中的创业者而言，要想搭乘微商的“东风”，要做的其实也不难：认清微商的本质后，去糟粕，取精华。

其一，深入庞大的流量池。

微商最吸引创业者的地方，莫过于其庞大的流量池。创业者要让微商发挥优势，就要从根本入手，研究如何用好这个流量池。

用规模化手段大量收编微商，是这个行业最早出现的成功尝试。主打社交驱动的会员电商平台“云集”就是其中一个。通过与微商并无二致的初期宣传方式，创始阶段的“云集”迅速归拢了大批“云集店主”，正规平台统一发货、保障质量等噱头也让为质量担忧的用户在很大程度上消除了疑虑。

触碰了三级分销的“传销”红线后，“云集”又迅速进行业务整改，改成了如今的二级营销模式，从此前的社交电商平台进化为如今的会员电商平台。但靠会员模式走到上市的“云集”，如今也面临着更大的挑战：会员持续增长的同时，营收下降。在众多老牌电商平台纷纷推出会员服务之后，“云集”的优势逐渐消逝。

社交电商“芬香”则打开了另一条路——背靠老牌电商平台，放弃上下游环节，专供微商最擅长的“引流”。

创始团队出自“京东”、被刘强东和章泽天投资的“芬香”团队只做一件事：用社交裂变的方法，批量分发京东优惠券。通过数量庞大的微信“京东内购群”，数额不等的京东优惠券吸引了大批用户的关注。然后就是继续推进注册升级为超级会员、导师，甚至合伙人，获取10%～50%提成佣金的微商路子。这种套路的效果立竿见影：2019年第四季度，“京东”新增2460万用户，刷新了过去12个季度的拉新记录。

既发挥了微商最大的优势，又能背靠“京东”，用起多年积累的产品口碑解决消费者对质量的忧虑，“芬香”的简化型打法效果还是很显著的。

其二，用口碑解决质量。

微商诞生初期，市场被“三无”产品占据，消费者深受其害。但随着微商行业成为“社交零售新渠道”的代表，“三无”产品逐渐被淘汰出市场，“娃哈哈”“蒙牛”“王老吉”等知名企业开始进驻这片崭新领域，多番尝试“微商”式的营销新模式。

在传统电商时代，即使再知名的品牌花在做平台广告投放、外部广告投放和引流上的钱也相当庞大。如今则有更多知名企业开始将微商拢入麾下，通过微商为商家做推广引流，以让利给微商团队的方式降低运营成本。

以乳业巨头“蒙牛”为例。2018年初，“蒙牛”新品纤维奶昔牛奶饮品“慢燃”首次尝试微商销售模式，3个月发展近万名代理，“蒙牛”的品牌背书让这款产品在微商领域迅速扩张，数量庞大的代理们则声称打造了“6个月销售额4亿”的神话。这是“蒙牛”在社交零售布局的开端。之后的“凝纯”和“益SHOW双益多”两款社交新零售渠道产品同样获得了不错的销售成绩。

值得注意的是，大牌如“蒙牛”在进入崭新领域的时候，也是及时调整方向，遵循微商行业定律来玩的。一方面，“蒙牛”没有向微商领域投放传统乳业产品，而是以大健康产业为新方向开发了新产品，主打健康、瘦身、美容等功效，这与中国电子商会微商专委会发布的《2016～2020年中国微商行业全景调研与发展战略研究报告》中提及的“美妆、针织、母婴、大健康、农特占据微商主要市场份额”相吻合。另一方面，“蒙牛”投放新零售渠道的产品同样走赞助节目、明星代言的路线，在品牌背书的前提下尽量提高产品咖位，为微商提供文案噱头，以更大发挥“广告牌”们的引流作用。

其三，微商探索更多玩法。

在背靠大平台、大品牌，解决用户担忧之外，微商行业也在努力迎合互联网发展，开发更多玩法。

随着“抖音”“快手”短视频平台、直播带货的兴起，很多微商从业者或大型微商平台也积极投身其中，尝试融合运营，逐渐形成了一个新的电商模式。

总而言之，作为一个蓬勃发展的商业模式，微商在流量上的优势无可比拟，但核心销售模式——多层分销却也真实存在触线危险。如何把握一个“适度”，仍然是行业内普遍需要思考的一个难题。

（曹　冰　文）

第 9 章 >>

papi酱，“宇宙第一网红”是怎么炼成的

papi酱，本名姜逸磊，"85后"。

2017年，在脱口秀节目《吐槽大会》（第二季）中，李诞介绍她为"宇宙第一网红"。

从中央戏剧学院导演系一名普通的在读研究生，到坐上"宇宙第一网红"的交椅，papi酱只用了不到两年时间。

"我不知道我喜欢什么"

papi酱出生在上海，从小学习萨克斯管。2005年参加高考，她正是因为萨克斯特长获得20分的加分，顺利考入中央戏剧学院导演系。但选择就读导演系，倒不是因为所谓"长久以来的导演梦"，事实上，papi酱真正的身份，是一个货真价实的"网瘾少女"。

本科四年间，papi酱尝试了很多与专业相关的实习工作：大二在娱乐网站做主持人，做北京电影学院导演系毕业作品的副导演和女主角；大三在上海电视台某栏目做前期编导和配音；升入大四，她开始频繁接触导演和演员工作，广告导演、短剧导演、话剧分场导演……能接触到的机会，她一个都没有放过。即便如此，2009年papi酱还是遭遇了“毕业即失业”。用她的话来说，本科毕业后那几年“全靠老胡（papi酱老公）养着”。

待业五年间，papi酱也尝试过做一份普通的白领工作。“腾讯”综艺《令人心动的offer》中，作为加油团之一，papi酱谈及自己的一次实习经历。毕业后通过同学帮忙，她进入当时的全球四大公关公司之一实习。入职第一天，上司把papi酱带到工位上，然后布置了一项任务：“你现在查一下全球十大石油公司的中英文介绍。”papi酱一边查阅资料，一边心里想：“我是学导演的，我为什么要查这些呢？”三个小时后，papi酱完成了自己实习期被交予的第一个任务，然后告诉上司“我不干了”。

对此，她解释道：“我不知道我喜欢什么，但我知道自己不喜欢什么。”后来发现自己其实讨厌很多东西之后，papi酱选择了考研。于是本科毕业五年后，papi酱重回中央戏剧学院，成了导演系的一名硕士研究生。

后来的故事，我们都很熟悉了。

2015年，“秒拍”“小咖秀”崛起，短视频风口来袭。papi酱和同学霍泥芳开始通过微博账号"TCgirls爱吐槽"发布吐槽倾向的短视频。她们合作的第一支短视频发布于2015年7月12日，内容与郭敬明执导的电影《小时代4》相关。之后她们又尝试了吐槽男朋友、土味变魔术、调侃北京儿话音等多条视频，但反响一直平平。

直到2015年11月3日，papi酱在自己的微博账号上发布了一条"上海话+英语"的恶搞倾向视频，将上海话、英语和日语无缝衔接于一段电话内容中，佐以超快的语速和戏剧化的动作表情。这条发布于傍晚的视频一夜间播放量达到170万，并在几天内成功登上热搜。4天后，papi酱发布微博，称："台湾腔说东北话……竟然上热搜了。谢谢你们喜欢我（这样一个集美貌与智慧于一身的）女子。"在这两条微博下的评论中，至今仍有不少考古网友表示"这是第一次在微博看见papi酱"。

就这样，当时还在中戏读研究生的papi酱成了"网红"。虽然最初她对这个称呼并不认同，觉得自己"又没开淘宝店"所以算不上"网红"。她对自己的定位，一直是"一个短视频创作者"。但接下来的几个月里，papi酱发布的新视频多次成为爆款，上海话+英语系列、台湾腔说东北话系列、男性生存法则系列、吐槽双十一、吐槽奇葩朋友、吐槽奇葩亲戚……她的视频一次又一次精准踩中网友日常生活中的痛点，热度也日渐发酵。短短半年后，papi酱个人微博账号的粉丝近1200万，俨然成了"大V"，而她的视频在主流平台的播放量超过2.9亿次。

《互联网周刊》在次年3月发布的《2015年中国网红排行榜》中，papi酱排名第二，仅次于王思聪。值得关注的是，这份具有一定权威性的榜单根据口碑、创作力和影响力三个维度打分，而papi酱在前十名中“创造力”一项得分最高（94.05）。

捧杀与唱衰并存

2016年，也即走红后的第二年，papi酱身上发生了几件大事。

3月19日，papi酱获得“罗辑思维”和“真格基金”联合投资1200万，估值过亿。papi酱成了首个因为短期蹿红而获得独立投资的网红。

紧接着，“罗辑思维”宣布将与papi酱合作发起“中国新媒体世界的第一次广告拍卖”：拍卖papi酱视频贴片广告一次+“罗辑思维”全程策划监制服务。这也是papi酱节目中第一次出现广告。

4月21日，拍卖会当天，papi酱的第一支贴片广告被上海丽人丽妆化妆品有限公司拍得。2200万的成交价成了史上单条视频贴片广告价格之最。作为首次商业变现，papi酱将这笔钱悉数捐给了母校中央戏剧学院。

同月，papi酱和朋友杨铭合作成立短视频MCN机构“papitube”，正式从单打独斗的短视频创作者向这一领域的创业者转型。

6月16日，微博首届“超级红人节”盛典在上海举行，papi酱获得微博“十大视频红人奖”。“超级网红”的身份得到了平台的认证。

7月11日，papi酱进行了自己的首次网络直播，当晚90分钟的直播期间，8大直播平台同时在线人数达2000万，点赞与评论达2亿。据统计，当晚网友送出的礼物折合人民币约90万元。

相比之下，2016年papi酱完成硕士学业正式从中央戏剧学院导演系毕业，倒成了这一年中最悄无声息的一件事。

当然，负面消息也有。

在广告拍卖会开始的4天前，papi酱的视频被监管部门要求下线整改，去除粗口低俗内容；与“罗辑思维”的“热恋”也在五个月后迎来冰点：“罗辑思维”宣布撤资，甚至声称“投资是我们最大的耻辱”。紧接着，唱衰papi酱的声音纷至沓来。

即便如此，在微博官方发布的2017年3～12月视频自媒体榜单中，papi酱仍然几乎每个月都会出现在TOP5中。2017年共计10期榜单中，她还有三期强势登顶。值得一提的是，papi酱个人霸榜的同时，在同期公布的微博视频机构榜中，她创立的MCN机构“papitube”也从8月开始连续5期进入前三甲。（注：微博榜单中，综合数据得分=播放量40%+互动率30%+播放时长30%。）

唱衰papi酱的声音一直持续到今天，papi酱全网粉丝突破9000万，仅微博一个平台粉丝就有3340万，这个数字已经远超很多一线明星。

2017年底，成为网红后的papi酱首次出现在“别人的镜头”中：她以主咖身份参与录制“腾讯”视频综艺《吐槽大会》。在这期节目中，papi酱首次正面回应“罗辑思维”撤资一事。她先表示“罗辑思维”“不是只撤了我们一家，而是把他们所有的投资项目都撤了”，紧接着又调侃道，做内容的“罗辑思维”来投资是“怪他们自己缺乏‘逻辑思维’”。逻辑清晰，不卑不亢，首次亮相综艺的papi酱立刻圈了一大波好感。

从网红向明星转型

录制《吐槽大会》的经历，开启了papi酱的又一次转型：从网红向明星的转型。

2017年，papi酱首次触电大银幕，参演了由陈可辛监制、吴君如执导并主演的喜剧电影《妖铃铃》。片中papi酱饰演民间发明家李菊花，奉献了不少逗乐效果十足的片段。影片发布会上，papi酱站在导演吴君如、知名演员张译等人旁边，成了少数几个以“演员”身份与明星同台的网红之一。而她在电影中的表现，也被监制陈可辛盛赞为“一个完全专业的演员”。

papi酱先后录制了《拜托了冰箱》《我家那闺女》《明星大侦探》《令人心动的offer》等多档热门综艺，领域囊括美食类、情感类、推理类、职场类，几乎实现了全方位覆盖。在这些节目中，papi酱大多数时候是安静的观察者，这或许是七年导演系专业学习留给她的习惯。但只要她一开口，就必然会在社交平台掀起一次又一次的血雨腥风。

比如在亲情观察真人秀节目《我家那闺女》中，papi酱和焦俊艳聊到爱情与婚姻时，列出了自己人生最重要的排序：自己、伴侣、孩子、父母。之后又解释道：“首先，你自己陪伴自己的时间是最长的。之后的这一生，我是和我的伴侣一起过的。孩子和父母都是你只陪伴他们走一段路，剩下的路还是他们自己去走的。”节目播出当天，“papi人生最重要的排序”立刻登上热搜，阅读量达2.2亿，不少网友夸她“活得通透”。

美食类脱口秀节目《拜托了冰箱》中，papi酱自爆和爱人谈恋爱十年，结婚五年，双方家长都没见过面，两人过年也是各回各家。他们认为，对于双方家长来说“自己的孩子才是最重要的”。独特的婚恋观也引发了网友围观与赞叹。

几档综艺节目播出后，papi酱跳脱出“分裂人格+爱吐槽”的短视频博主形象，以更加鲜活、通透、有主见的个人形象被更多人记住。2015年迎着短视频风口起飞的人数不胜数，无数短视频博主被吹上天成为新晋“男神”“女神”，但风口过后大多数人落回地面，papi酱却成功转型，从网红晋级成为多栖明星。

另一边，以papi酱个人IP做厂牌的短视频MCN机构“papitube”也在短短四年内经历了几番发展变迁。

2016年4月创立之初，papi酱和合伙人杨铭致力于帮助签约作者进行有效推广、垂直化运营和商业化变现。用papi酱自己的话说，“成立了papitube之后，就会特别希望帮助这些创作者在短视频行业站稳脚跟，做出些与众不同的东西”。

2017年初，“papitube”并入杨铭创立的娱乐公司，负责其旗下的短视频创作和自媒体服务。papi酱也因此和演员周冬雨、Angelababy等人成为同门艺人。

2018年，“papitube”作为成立不足两年的短视频MCN机构，在由“今日头条”和“西瓜视频”举办的“金秒奖”上获得“最佳短视频团队”奖之后，又在微博超级红人节上获得“2018年度红人机构”，风头不可谓不盛。

同年5月，正值机构成立两周年之际，“papitube”宣布开启“百人计划”，一改之前的精品化策略，开始吸纳更多内容创作者。而在之前的两年中，“papitube”已经成功签约60多个创作者。据“papitube”COO霍泥芳透露，这些创作者中，有盈利能力的博主已经占到签约人数的20%～30%。

她是朋友中网感最强的人

2015年至2016年，是网红和短视频的风口时期，乘风而起的“宇宙第一网红”papi酱和她的“papitube”，在这个领域有着足够的代表性。但对于他们的走红模式，我们需要分开来解读。

一方面，papi酱个人的走红是偶然，也是必然。她的成功，是风口和个人优势双重作用的结果。大环境下，移动终端的进一步普及、资费流量的全面降低催生了短视频风口的崛起，新的风口带来了新的机遇。但迎风而起的人中papi酱成为王者，则是她自身性格优势和多年专业积淀的结果。

papi酱走红的系列视频，时长通常在两分钟左右，内容多是以大龄青年形象对当下热点话题或对普通人生活中的种种现象进行吐槽。形式上，则以极快的语速搭配变声器处理后的声效，辅以夸张的动作表情，内容戳人痛点的同时，还兼具喜剧效果。

分析papi酱的众多视频可以看出成功的短视频大都具备三个要素。

第一，视频内容精准切中互联网热点、用户痛点，引发大范围共鸣。

这得益于papi酱资深“网瘾少女”的多年积累。大学时候起，她就是个沉迷网络世界的“网瘾少女”，学习成绩保持中游，大多数时间泡在“天涯”“豆瓣”“贴吧”等社交网站上，“papi酱”这个ID也已经伴随她许久。同学霍泥芳评价她：“上网的时间比别人多好几倍，一天到晚都在网上。”久而久之，她对娱乐新闻和娱乐圈大事件如数家珍，对新鲜事物和社会热点的敏感性也随之培养了起来。合伙人杨铭说她是“朋友中网感最强的人，特别了解互联网在干吗”。

另一方面，中央戏剧学院导演系七年的专业学习，也培养了papi酱随时随地“细致观察”的习惯。在采访中，papi酱不止一次说过他们“从大一开始就被要求去观察生活、体验生活”。因此无论是在选题方向，还是吐槽内容，papi酱常常给人一针见血的观感，这是一个混迹互联网多年的“预备役导演”与生俱来的精准观察力。

第二，视频节奏把控到位，轻松愉快，有幽默感。

这是papi酱七年导演专业学习的真正积淀。前面说到，papi酱本科期间做了很多与专业相关的实习工作：全场调控方面，她做过不少助理导演、分集导演；表演方面，她在不少学生作品中出演过女主角；后期制作方面，她做过编导、配音……一部视频作品的诞生，从台前到幕后的每一个角色，她几乎都有过体验或近距离接触。

这使得papi酱在短视频创作上拥有很大优势。一支视频的诞生过程中，无论是前期的内容生产，还是中间的表演张力、台词表达，抑或是后期的剪辑节奏、配乐选择，papi酱都能比普通的视频博主有更精准的把控，受众观感舒适，papi酱自然脱颖而出。因此在短视频大潮涌来的时候，papi酱最终的走红可以总结为“厚积薄发”。

综艺节目《令人心动的offer》中，papi酱讲述自己的实习经历时，节目后期打出的字幕是“对不起这一身才华”。如果当初papi酱安于一份“整理十大石油公司名单”的工作，那今天的短视频领域确实会增添几分遗憾。

幸好，papi酱深知自己的优势和向往。

第三，有态度传递，有观点表达，塑造鲜明的独立人格。

作为短视频时代的“第一网红”，papi酱似乎代表着一种全新类型的网红：受过高等教育，有成熟系统的逻辑和品位。她的视频内容虽然以热门的社会话题为土壤，但无论是探讨角度还是最终结论，papi酱都坚定地以个人视角进行输出，观点不一定独特，但一定有其一以贯之的价值观念，这大概算是这个人云亦云的时代里难得的坚持。在转型之后的众多综艺节目中，papi酱的个人性格特色也得到了更全面的呈现。

papi酱的走红，似乎也证明了有才华、有优质内容生产能力的网红，即使在泥沙俱下的大时代里，也有撬动更多资源的能力。

从papi酱到“papitube”

即便是TOP级别的内容生产型网红，依然要面对变现难题。

早期网红经济依靠颜值，变现模式主要靠电商。如今，网红经济飞速发展更迭，据中商产业研究院发布的《2020年中国网红经济市场前景及投资研究报告》显示，2019年网红经济迎来大爆发，市场规模估算超过2500亿元；而2020年，这一趋势还将继续扩张。

规模不断扩张的同时，网红经济的主要变现方式却没有实现质的改变。上述研究报告指出，目前我国网红经济变现方式可以概括为六种：积累粉丝，电商变现；品牌植入，广告变现；粉丝打赏，礼物变现；签约平台，获得签约费；网红个人IP化、品牌化，并进行泛娱乐领域的延伸；转型艺人，进军娱乐圈。

papi酱个人的变现之路，也经历过多种方式的探索。

走红初期，papi酱也曾尝试过电商变现。2016年6月13日，papi酱推出淘宝店铺“papi酱心智造”，首秀上架产品是三款以“魔兽世界”为主题的印花T恤。当然，三款T恤半小时内全部售罄，彰显了papi酱和“魔兽世界”两个IP联合的强大号召力。但半年后，该店铺就进入无人经营状态，此前挂出的商品也全部下架。到现在，这家店铺已经悄然消失。

粉丝打赏方面，papi酱在2016年7月进行的首次直播中，8大直播平台同时在线人数达2000万，据传收到的礼物折合人民币约90万元。但直播结束后papi酱直言“太紧张”，这种及时反馈型的互动显然也并不适合她。

广告变现是papi酱尝试的第一个变现方式——“中国新媒体世界的第一次广告拍卖”，同时缔造了2200万的史上单条视频贴片广告价格之最。而目前品牌植入、广告变现的模式，更多应用于“papitube”旗下众多账号。

最终，papi酱走上了网红经济最难实现的高阶变现之路——转型艺人，进军演艺圈。2017年后，在日常短视频更新之外，papi酱的主要工作集中在上综艺、演电影、为手表和运动品牌拍摄广告上。与周冬雨、陈赫、张钧甯等演艺明星同门的papi酱，似乎已经是一位艺人了。

另一方面，papi酱还是MCN机构“papitube”的创始人，她还是一位创业者。

内容生产方向的网红，变现的首要渠道是个人IP化：他们要将自己经营成在垂直领域有一定号召力的IP。papi酱则进一步将个人IP升级为厂牌，打造了以papi酱为号召力的MCN网红孵化机构。而这也是头部短视频创业者的必经之路：2017年，网红“何仙姑夫”宣布推出MCN服务品牌“贝壳视频”，专注短视频品牌孵化和升级；原创短视频账号“二更”也在融资之后孵化了“更城市”“摩尔时尚”“贩音馆”等多个子品牌。

中商产业研究院《2020年中国网红经济市场前景及投资研究报告》显示，我国网红经济产业链已不断完善为上游内容生产——中游内容生产与分发——下游商业变现三大环节。其中网红经济产业链的核心角色就是MCN机构。比起单个网红，资本介入网红经济时，也更容易关注网红背后有孵化能力的经纪公司。

2016年4月，papi酱与“泰洋川禾”创始人杨铭合作创立“papitube”，算是从UGC向PGC转型的最早的网红之一。创立之初，“papitube”的愿景是帮助签约作者进行有效推广、垂直化运营和商业变现。截至2018年6月，机构签约作者达到60人，覆盖了搞笑、生活、美妆、影视、科技、萌宠、美食、旅行等多个垂直领域。

创立初期，“papitube”的做法是复制papi酱的创作方法论，并通过papi酱的IP进行流量导入。其本质就是试图将内容生产者的主题进行拓展，丰富内容类型，以期形成一个以papi酱个人IP为核心的内容社群。以papi酱为标本，“papitube”的运作过程可以视作两大部分：挖掘有观点、有魅力的人格化IP，以及持续产出优质内容。

挖掘人格化IP方面，“papitube”做了两个重要的工作。

首先，严把签约标准这一关。按照“papitube”COO霍泥芳的说法：“papitube的本质是在打造人格化IP，而有自己的独立观点以及持续产出能力是对一个优秀内容创作者的必然要求。”因此，“papitube”有着严苛的签约标准：签约作者要有真实的人格魅力，要有独立鲜明的态度和观点，要有持续的内容生产能力，要在垂直领域有一定的专业性。

其次，经过严格筛选后成功签约的作者，“papitube”会为不同的作者配备完全独立的团队进行运营，继续寻找每个签约作者身上独特的“记忆点”，坚持在垂直领域进行精准化运营，放大作者本身的性格特点，以期达到流量积累，最终实现商业变现的目的。

内容方面，“papitube”也在两方面发力协助签约作者，即内容生产和内容分发。

对于内容生产，“papitube”会从人设构造出发，为签约作者提供设计选题思路，制定年度计划等一系列服务。针对内容型网红的立足根本，

“papitube”内部设有专门的内容评分机制，对签约作者的每一期节目，都会从制作水平、主题、受众主观感受等多个方面进行量化，以求达到最佳效果。

对于内容分发，“papitube”也有着灵活的推广方式，其旗下的签约作者并不会局限于papi酱的主阵地——微博，而是会根据垂直领域和作者个人的特色选择适合该IP的平台，如“小红书”“抖音”等各具特色的内容平台。同时，“papitube”的签约作者也会充分共享papi酱头部账号带来的红利，共享互助，实现引流，“以一带多，互带流量”。

在这套运营模式下，“papitube”旗下签约作者至今已突破150位，并成功打造出测评类账号“Bigger研究所”（440万粉丝）、搞笑类账号“张猫要练嘴皮子”（380万粉丝）等微博大号，机构长期蝉联微博MCN机构排行榜榜首。旗下短视频博主“玲爷”和“无敌灏克”抖音粉丝也相继破千万，进入机构头部签约作者的行列。

实现优质内容和流量沉淀后，“papitube”同样需要面对核心问题：帮助签约作者实现商业变现。

在变现问题上，“papitube”COO直言，泛娱乐IP的周期会比较长，垂直领域IP则相对容易。目前“papitube”旗下账号的主流变现方式仍然是品牌广告和电商变现两种模式，比如以产品测评为内容方向的微博博主“Bigger研究所”，其变现方式主要依赖产品植入和旗下淘宝零食店的商品销售。

据“papitube”发布的“感谢金主爸爸”主题短视频显示，2017年“papitube”团队一共接了155个品牌的广告，品类从车企到美妆、从游戏到教育，横跨多个领域，囊括各大品牌，充分显示了这个MCN机构的商业变现能力。

每一个创业者都应该成为网红

Papi酱的走红和“papitube”的裂变不是个例。事实上，“真格基金”创始人徐小平在2016年的结论“网红经济对中国整个创业的生态环境以及思路，甚至是观念、价值观都产生了颠覆性影响”，正在逐渐显示其威力。那么，papi酱和她的MCN机构又为我们写下了怎样的个体创富启示呢？

首先，对网红这个领域，papi酱和“papitube”似乎在做一件事：让人绽放光彩。

“网络红人”诞生发展十余年，无论是文字时代、图文时代抑或是如今的视频时代，每一个成名的网红都是个性鲜明的独立个体。人格魅力是网红领域的敲门砖，无论以何种形式，绽放光彩的始终是“人”本身。

其次，选对领域。做擅长的事，一直做擅长的事，是个体发光发热的唯一方式。尤其在如今这个移动互联网充分普及的时代，人们关注新鲜事物的成本变得极低，“专业的干货”成为吸引注意力的不二法则，而网红经济归根结底是“注意力变现”的经济。

papi酱这个“宇宙第一网红”的成功，不只在网红领域有借鉴意义，对各行各业的创业者而言，以papi酱为代表的网红经济也应该让他们意识到了“注意力”和“品牌”的重要性。

对于“网红”，“罗辑思维”的定义是“不经任何权威授权的权威”，徐小平则认为网红是“市场自发的、民众拥戴的品牌”。而每一位创业者殚精竭虑要做成的事情，恰恰就是“创建品牌”，创建一个人尽皆知、人人喜爱的品牌。

品牌，就是一个企业价值的核心所在。

网红经济的飞速发展，一个个网红异军突起，让我们看到了在这个移动端大面积普及、用户关注成本极低的时代，创立一个品牌是如此迅速，过程是如此颠覆。在过去的很多年里，品牌的创立是从产品到人，一件件优秀产品拉拢一个个用户，积累一点点正向口碑，最终形成用户对品牌创始人的信任和跟随。

但在网红时代，一个极富人格魅力的个体通过互联网一夜之间被成千上万的用户认识、喜爱、拥戴，一个拥有巨大影响力的IP也许通过几支播放量破千万的短视频就能深入人心，随之而来的，就是一个拥有巨大商业价值的品牌。

所以，徐小平在《寻找中国创客》上发表演讲时说，每一个创业者都应该成为网红。

成为网红，是一个有着远大愿景的创业者迈出的第一步。

（曹　冰　文）

第 10 章 >>

罗振宇，“知识的二道贩子”还是普惠者？

罗振宇，知识服务型应用软件“得到”创始人，个人知识脱口秀节目《罗辑思维》主讲人，《时间的朋友》跨年演讲主讲人，以及《知识就是力量》节目主讲人。

曾担任CCTV《经济与法》《对话》栏目制片人，《决战商场》《中国经营者》《领航客》等电视节目主持人，第一财经频道总策划。2008年，从“央视”辞职，成为自由职业者。2012年底，打造知识型视频脱口秀“罗辑思维”，后转型打造了知识服务型应用软件“得到”。经过多年发展，他的公司已由经营一款互联网自媒体视频产品，逐渐延伸成长为运营互联网社群品牌的全能型公司。

从一艘船跳到另一艘船

1973年出生的罗振宇，本科毕业于华中科技大学新闻系，硕士毕业于北京广播学院（现中国传媒大学）电视系，博士毕业于中国传媒大学。因有着微胖的身材，罗振宇被粉丝称为“罗胖”。

根据网上的信息，罗振宇先是在大学当过三年老师，念完博士之后才进入“央视”的。尽管最初进入“央视”时，罗振宇的身份不过是一名临时工，然而这并不影响这样一位年轻人在中国最重要和敏感的舆论场上奋力拼搏。

在许多人眼中，只有最幸运的年轻人才有机会跻身“央视”，而“央视”也可以把光环投射在每一个员工身上。毫不夸张地讲，当时能够有资格进入“央视”工作的人，随时都接受着旁人投来的艳羡眼光。即便当下，“央视”也是一些新闻系学生心之所往的“神坛”。

罗振宇也很享受这一机会，赶上“两会”“315”等重要项目的时候，他经常会忙到凌晨四五点，而他解压的方式是在办公室高声朗读《古文观止》。

在成为《对话》栏目制片人之后，罗振宇信息输出的欲望愈发强烈，主持人的开场和结语都得是他组织撰写的，力求“灵魂附体”，碰到配合不默契的主持人时，他会私下感慨“半身不遂”。工作之外，他还在极短时间里用知识“征服”了很多同事，连女人生孩子要开到几指的话题都能聊，这让当时的《对话》节目主编印象颇为深刻，“他那时候连女朋友都没有”。

"央视"大楼里有才华的年轻人很多，但罗振宇是第一位临时工身份的制片人——学问之外，精明和务实的性格或许是他混在"央视"的关键。

在"央视"的光环下，名嘴们身价高昂，出席一场商业剪彩活动就能收入一二十万元，身处幕后的罗振宇帮忙打造了他们的睿智形象，却只能拿着每月固定的死工资，这让他觉得"很不公平"。

光环之下的冷暖，只能自知。罗振宇在与许知远的一次对话里承认，当时离开"央视"是实在混不下去了，"我把我当时的领导得罪了，他在我屁股上踹了一脚"。

离开"央视"前，罗振宇与财经频道的一位领导，就已产生嫌隙。2007年，"央视"内部搞了个《对话》栏目制片人竞争上岗活动，罗振宇对此的解读很直接——"就是要把我搞掉"。

然而罗振宇并没有马上愤而辞职，也没有借机大骂一顿，他生平第一次穿上正装，认真准备了竞岗PPT，使出浑身解数做了一场人生最高水平的演讲——但，最后的分数还是很低。

但罗振宇在其他方面却有所收获，这场竞聘演讲在"央视"内部电视台播出后，一些领导记住了罗振宇，日后的一些合作也由此而来。

2008年，几经思考之后，罗振宇最终选择从"央视"辞职。他没有一味自怨自艾，而是选择用务实去反击现实，成为利益既得者。离开“央视”后，罗振宇加入了《第一财经》，在后者《中国经营者》栏目里成为主持人，实现了“一定要把我这张胖脸露出去”的心愿。

后来旧事重提时，罗振宇也曾在公开场合表示过，除了领导，离开“央视”的另一个原因是大环境不一样了。在《对话》栏目的高光时刻，好选题总能引来外界的激烈反应和评论，但这种势能在最后一年明显下降，按照他的形容：“这艘船搁浅了，就是船还是那艘船，但是底下没有水了。”

从“央视”到其他媒体，在罗振宇看来，无非从一艘船上跳到另一艘船上，他决定下船走走。

以知识服务为核心业务方向

2012年，通过对互联网的敏锐观察，罗振宇与媒体人申音合作打造了知识型视频脱口秀“罗辑思维”。当年12月底，“罗辑思维”第一期视频上线，此后每周更新一期，内容主要是罗振宇分享个人的经历，用较为幽默的语言将独到的思维传达给读者，时长在10分钟到一个多小时不等。

起初，这档节目是在“优酷”平台上播出，后其同名的微信公众号也开始运营，罗振宇每天会在公众号推出一段60秒的语音。

“罗辑思维”一经推出后，受到很多人的关注和欢迎。根据网上数据显示，到2013年6月，“罗辑思维”在“优酷”“喜马拉雅”等平台的播放量已超过10亿人次。

在“明星+经纪人”模式的运营下，罗振宇的个人IP被无限放大，但这样的付出显然与创业之初股份分割有着极大的反差。天下无不散之筵席，二人于2014年宣布分手。单飞的罗振宇开始将工作重心转向自己运营的微信公众号“罗辑思维”。

“罗辑思维”在短时间内成为现象级产品，也让罗振宇在几年内成功地把自己塑造成一个超级IP，并在成名之后进而带动内容电商、社群服务等业务模式。最终，罗振宇和自己的创始团队确定了以知识服务为核心业务的商业方向。

2016年5月，罗振宇和“罗辑思维”团队推出了“得到”App，打上了为用户提供“省时间的高效知识服务”的标签，涉及商业、方法技能、互联网、创业、心理学、文化、职场等领域，最为人熟知的无疑是“李翔知识内参”“薛兆丰的经济学课”等内容，还包括万维钢、宁向东、吴军、武志红、熊逸等人的课程。

令人意外的是，“得到”推出两年后便获取了1300多万用户。其中，“薛兆丰的经济学课”累计卖出了50万份，成为全世界最大的经济学课堂。

尝到了甜头的罗振宇又在2017年宣布，“罗辑思维”节目从视频的形式改为音频，更新频率也从周播变更为日播，但只在“得到”App上播出，不再全平台分发。这也使得“得到”在内容付费领域，多少有些“一览众山小”的感觉。

同年8月，罗振宇又推出了中小学学习辅导应用“少年得到”App，主要为7～15岁的青少年提供定制化服务，前“央视”著名主持人、现“紫牛基金”创始合伙人张泉灵加盟并出任董事长。

“罗辑思维”曾在当时的一则招聘信息上称：“得到”App服务的用户有2771万，出品的节目播放量超过10亿人次，共有159门课程已上线，还有76门课程正在制作中；目前，“得到”拥有员工442人，坐标北京，并在北上广深杭蓉六座城市设有“得到大学”分校区。

经过几年的发展，“得到”也在四周年之际通过《给用户的一封信》，公布了其最新的经营数据。

截至2020年5月26日，“得到”的用户数已达3870万名。在过去一年，用户投入在“得到”的学习总时间超过24038万小时，其中有153万名用户分享过“得到”的课程和内容。线上知识付费之外，2020年“得到大学”的线下校区已经开到了全国的11个城市，超过7000多名学生入学并毕业。

据《经济观察报》报道，“得到”App的收费模式分为两大类：听书和订阅大咖专栏。

听书VIP的收费模式分为包月、3个月、半年和包年。目前该App收录2047本电子书，按精华摘要的形式以20分钟左右的音频节目形式呈现，其中“视野”“心理学”“历史”“商学”“自我管理”“管理学”等分类已逾百本。

订阅专栏入驻32位主讲人，订阅价格为一口价199元，订阅人数呈现了从2万到23万不等的状态。即使是相对小众的“果壳网”总编徐来，2.3万的用户数也能获取400万左右的营收。虽然其具体分账比例无从得知，但“知识付费”已具规模。

除“得到”外，“罗辑思维”旗下产品还包括“少年得到”App、《罗辑思维》节目、“罗辑思维”公众号、《时间的朋友》跨年演讲、《知识就是力量》节目、知识发布会等多种类型的产品。

“知识的二道贩子”

罗振宇曾这样评价自己——作为文科出身的知识分子，最大的好处就是可以把深奥的专业知识，用通俗易懂的语言讲给大家听。

即使是这样，纵观一众内容IP，“罗辑思维”这款产品何以能够迅速发展壮大？

有分析人士指出，优渥的外部环境和准确的商业定位是促成其胜出的关键。

外部环境上，2016年被称为知识付费的元年，大量知识付费类App及重量级子栏目上线。此后几年里，知识付费产业一时间风光无二，这个行业受到了投资方的持续青睐。在资本、资源裹挟下，行业处于高速增长趋势。

内部环境上，在整个流量当中，罗振宇本身就是一个IP，或者说是市场关注的一个焦点，这就有能力吸引到大量免费的粉丝，可以完成从免费到付费的一次性变现和导入；其次，“罗辑思维”与出版社进行深度绑定，还约请一些细分行业的大咖，由他们把自己的知识做进一步的打碎，通过互联网及移动互联网做二次传播。

罗振宇及“罗辑思维”的价值，主要表现在通过内容输出，激发人们的阅读兴趣。

中国历代文人同样也是文化的普及者。孔子讲《周礼》，朱熹讲“四书”，都是将前人知识进行口语化传播。胡适引入西方的研究方法到中国学界也是如此。他们都是知识的传递者。

人类社会已整体进入一个知识普及的新时期。于丹对“孔学”的功劳有多大？她让更多的人对“孔学”产生了兴趣。有了主观兴趣，人们自然会将这个兴趣持续下去，深入下去。

但是，一边是商业上的成功，一边是愈演愈烈的质疑和批评之声。

2017年10月，网上有一篇题为“罗振宇的骗局”的文章广为传播，直指以罗振宇为代表的网络知识服务商是“大忽悠”，不但不能使人真正增长知识，反而会令人产生知识焦虑感。网络上，也有不少人不屑地称罗振宇为“知识的二道贩子”。

面对这些质疑，罗振宇表示有些无奈，同时也从中获得不少启发。

> 人类的知识总量在爆炸，人的知识负担越来越重，新时代总要有新工具来解决这种知识负担，我做的就是这样的工具。这些人的逻辑就好比是我生产了最好的单反相机，然后有人指责我是骗子，说我没有让他成为摄影家；我生产最好的厨具，也有人说我是骗子，我没能让他做一桌好饭。我能怎么办呢？我所做的，只能是把最好的单反相机卖给真正喜欢摄影的人，助力其成为摄影家。
>
> 所有的工具，必然面对的命运就是有一部分人选择不用。人类发明火，在那个时代一定有人厌恶吃熟食；发明了轮子，一定会有人说为什么要到远方去；发明了手机，也一定会有人去批评。就像有的

人看不起电子书，非要说纸质书有油墨香。所以，我意识到所有的工具都是把人分成两部分的，我是为我们的用户服务的，不尝试去讨好所有人。

尽管不停地为自己辩驳，然而以“知识生产商”自居的罗振宇，确实已越来越不招年轻人的喜欢——应马东之邀录制《奇葩说》之后，这位靠嘴皮子吃饭的IP，因为观点表述无趣乏味而被人们这样评价：“我以前看《奇葩说》从不快进，自从有了罗振宇……”

从后来罗振宇及“罗辑思维”的运营表现来看，这些年轻人的评价及情绪的积累，已经开始慢慢渗透至市场对这个IP的期待中了。

冲刺知识付费第一股

凭借“罗辑思维”和个人IP的经营，罗振宇为自己贴上了“知识”“文化”“思想”的标签。加之打造“得到”App，举办跨年演讲，他以一个知识商人的身份声名鹊起，并成功圈粉资本市场。

据网上公开的资料，其融资历程大致如下。

2013年3月，“罗辑思维”获“顺为资本”数百万天使投资，具体金额未对市场公开。

2014年12月，“罗辑思维”完成“启明创投”A轮数千万人民币融资，具体金额未对市场公开。

2015年10月，“罗辑思维”对外宣布完成B轮融资，由“中国文化产业基金”领投，“启明创投”等跟投，同时，柳传志等行业大佬也以用户个人的身份参与“罗辑思维”的投资，投后估值13.2亿人民币。

值得一提的是，在罗振宇两次跨年演讲中，我们看到了这些熟悉的面孔：2015年的柳传志，2016年的王石。柳传志和王石之所以成为座上宾，或许并非是因为罗振宇所讲述的内容有多么优质，更多在于从一个独立的视角去试着看待公众关心的“共识”，让自己的形象和创新、互联网、创业联系起来。

他们的出席，也让市场看到罗振宇作为超级IP所发生的升迁：超级IP对两位成功企业家的赋权，这种赋权不是成功学方面的赋权，也不是经济利益上的赋权，是让世人知道，这两位企业家是可以实现从传统实业跨越到今天的互联网世界的，属于头脑还够开化的群体中的一员，让他们看上去不算那么“外”。

对于后面轮次的融资情况，网上没有太多相关信息，唯一曝光是在2017

年7月一份网传“罗辑思维”拟Pre-IPO轮融资的文件中。根据该文件内容，本轮Pre-IPO轮融资总规模达9.6亿元，其中新股增发规模预计3.7亿元，老股转让规模预计5.9亿元。本轮共同投资者包括“腾讯”“红杉资本”“英雄互娱”等机构。

文件还显示，“罗辑思维”本轮Pre-IPO轮融资的投前估值，预计已达到70亿元人民币。相较于2015年10月的B轮融资后13.2亿的估值，不过两年的时间里，增长了4.3倍。

又过了两年。2019年10月15日晚间，北京证监局公布了最新的辅导信息情况，知名财经自媒体“罗辑思维”运营主体赫然在列，辅导机构为中金公司，其拟申请在科创板上市。

公告内容显示，中金公司与“思维造物”（即“罗辑思维”的运营主体）于2019年8月30日签署了《辅导协议》。辅导前期准备工作于2018年12月就已开始，持续至次年8月；正式辅导的第一阶段和第二阶段分别在2019年9～10月、11～12月进行。

消息一出，瞬间引发轩然大波。尤其是在“吴晓波频道”借壳“全通教育”刚刚宣告失败的情况下。如果“罗辑思维”顺利上市，其将成为A股市场知识付费的第一股。

公开资料显示，其实“罗辑思维”当时IPO的目标，是要在2019年底前登陆创业板。然而同样主打知识付费、同样高度依赖创始人个人IP的吴晓波，折戟创业板的情况让罗振宇转道科创板。

同样根据《经济观察网》报道，一位接近“罗辑思维”核心高层的人士透露，公司正酝酿2020年上市计划，并启动了与多家券商投行的沟通。某大型券商投行人士也向该媒体证实了上述消息。该投行人士补充表示，投行方面曾向“罗辑思维”方面提出过海外上市的方案，但“罗辑思维”方面已经决定将上市地点放在A股市场。

“一个重要原因可能是品牌方面的原因。‘罗辑思维’的定位是‘知识服务运营商’，其商业模式也是专注于知识付费，其主要受众在国内，‘知识付费第一股’的概念在A股市场或许还能赢得不错的估值，A股上市也能为其带来更好的品牌效应。”该投行人士称，2020年“罗辑思维”利润过亿，就财务指标而言，并不存在障碍。

话虽如此，然而市场对其上市及估值仍不看好。根据证监会发布的公告，科创板重点支持新一代信息技术、高端装备、新材料、新能源、节能环保以及生物医药等六大高新技术产业和战略性新兴产业，但“罗辑思维”显然并不在这六大产业范围内。

另外，对于科创板这个定位明确的板块来说，上市企业必须要有一个“硬科技”。本质上来看，“罗辑思维”并不具备“硬科技”，更多的是商业模式的创新，比如说它与出版社的深度绑定，赚到的是分销的钱，从过去线下出版的分销变为线上的分销，更多的是模式的创新，跟它的内容没有太大的关系。

毒鸡汤还是速效药

作为一个IP，为了保持热度，最好的办法其实就是每隔一段时间就要有所发声。从2015年开始，罗振宇每年都要做一次跨年演讲，名为“时间的朋友”，号称要连续做20年。还没和时间成为多久的朋友，罗振宇的演讲就已经跌下神坛，在一些媒体人的口中，这个IP已从精英的预言变成了咪蒙式的鸡汤。

一个段子忽然风靡全网：“中年人看罗振宇跨年演讲，和老年人买权健保健品本质上没有任何区别。”段子当然有夸张的成分，但是至少代表了大众对于罗振宇态度的转变。大家之所以发生这种态度上的转变，主要是因为打脸的速度来得太快。

站在当下回顾过去，罗振宇过去在公开场合站过台、点过名的公司，许多已经尴尬阵亡。

我们具体来看一下。

2014年，北京一家叫“黄太吉”的煎饼摊，美女老板开着奔驰送外卖。许多人认为，这种烧钱胡作的节奏迟早是会玩死自己的，然而罗胖在那一年说：“意味着过去我们这个商业世界所有的观察角度全错。”

一年后，“黄太吉”烧光钱，店铺关门，送餐员遣散，公司被列为失信人。老百姓懂了，卖煎饼，你做好吃点就行了，别扯什么时代大趋势。

同样是2014年，在一次演讲中，罗胖展示自己的朋友圈：“5月19日晚上我们一帮搞投资的人在一起吃饭，席间谈起了第二天要发布的锤子手机，当时整个一桌人只有我看好罗永浩。”

罗永浩的手机始终没有成功。到了2018年，罗永浩的确搞出东西来了，叫“子弹短信”。但那个玩意儿不到一个礼拜就被下架了。2019年，罗永浩又搞出来一个App，叫“聊天宝”，同样是不到一个礼拜，下架。这两桩事堪称科技圈里面的尴尬事。

2015年12月31日，第一次开跨年演讲，罗胖看着1500亿的“乐视”和400亿的“暴风”被人骂成是“妖股”，他站在台上高调地为两家公司鼓吹。后来，“乐视”发生了什么，“暴风”又发生了什么，相信人们也都看到了。

2016年，罗胖的主题变成了“时间的朋友”，而写那本《时间的朋友》的大作者，当然就是币圈之神——李笑来。

如果没有李笑来那段语音文件流出来，恐怕热度还能再持续一段时间。随着2017年底数字货币行情扑街，币圈的所有骗局一一都被揭露出来，而为李笑来站台的罗胖，再次踩雷。

这还不算完，就在“ofo”深陷欠债跑路的旋涡之中时，罗胖还不忘为戴威站台，他说：“你知道戴威今年多大吗？1991年出生，27岁，多年轻。按照百岁人生这个坐标，他至少还有70多年……后面还会发生多少种可能？人生还有多少种变化？不管今天戴威负债多少，都不能说他这辈子完了。”

没办法，被欠99元或199元的人太多了，很多人的押金到今天依然取不出来。新套路更是要先交纳6100元仲裁费才有可能退回押金。这种情况下，任谁妙语连珠、口舌如簧，人们也无法对这个“90后”创业者产生丝毫同情。

如此高的“踩雷率”，市场揣测为两种可能：一是罗振宇本身的研判能力实在太弱，丝毫不具备资本市场的投资与评估能力；二是这些“爆雷”的资本局，他可能本就是这局中之人。

无论怎样，我们都不能否认罗振宇作为一个知识型IP的魅力，因为他为人们提供的是一种更高阶的思考方式。比如在《奇葩说》的舞台上，每次发言之前，他习惯性的开场白就是“我说得稍微离开一点”“我提供一个新的角度”“这道题它到底在问什么”，等等。

只不过也正是因为如此，他更要谨言慎行，因为人的天性就是在生活中去寻找印证言论的实例。反复“失灵”后，这势必会影响到这个IP本身的内容质量以及背后的商业价值。

IP的“杀手级”三问

众多槽点累积之下，“罗辑思维”的用户量开始出现下滑。据“艾瑞咨询”数据显示，2019年6月，“得到”App的月活跃用户数已经从当年1月的432万人下降到190万人。同一时期，“Quest Mobile”数据显示，同样瞄准内容付费的“知乎”和“喜马拉雅”分别拥有4752.7万和7872.6万月活用户。

移动互联网时代，人们获取知识的渠道越来越多，获得知识的数量也越来越多，知识能改变的，不只是个人的命运，还有知识服务商的命运。只不过，人们所需要的可能并不只是知识本身，更是一些由知识创造的东西，比如个人不断成长，再比如企业实现变现，等等。

尽管用户口碑有所下降，但这并不影响一些资本机构对于罗振宇及“罗辑思维”相对看好。因为他们认为这是一个“成为IP到去IP化”比较典型的案例。

“丰厚资本”创始合伙人杨守彬曾这样评价罗振宇：“罗老师起初是一个人做早晨的60秒，后来他很快把这个事情做成了现在的‘得到’App，从一个人做到了一个团队，可以说是等于复制一批罗振宇出来。他发展‘得到’的路径就是去IP化的路径，现在不是一个罗振宇了，而是一个‘得到’的平台。”

其实，从资本的角度看，可能具备这样特质的项目才更具有资本价值。要想让个人IP长期安全的发展，必须要有“把IP升级为平台，把平台升级为生态”的能力，同时也要经历从成为IP——知名IP——去IP化（生态管理）的过程。

简单来说，罗振宇及“罗辑思维”在很大程度上，解决了网上针对个人IP发展流传已久的“杀手级”三问：你不红了（公司）怎么办？你病了（公司）怎么办？家里有事（公司）怎么办？这个流传已久的“杀手级”三问，正在被罗振宇和其团队慢慢拆解。

在今天这个时代，大家注意力被无限打散，相较于会被部分人士不看好，更可悲的是其实你根本不被关注。所以要想有所发展，先要成为IP，而且是知名IP，之后再考虑如何安全、稳定、长期地发挥IP的作用。

与此同时，相对于将自己打造成一个IP，如何利用这个IP的知名度与影响力扩展成一个可持续的公司业务，才是更为巨大的挑战。“罗辑思维”就是在无意间将IP价值从罗振宇个人身上慢慢过渡至“得到”品牌之上。

眼下，商业已经进入两个发展方向交互的时代，一个是科技驱动的新消费、新经济方向，另一个是人格化商业时代。所谓人格化商业时代，就是IP时代，现在的商业产品业务都是具有人格化的，其个性、魅力、背书都是有价值的。

罗振宇之于“得到”，吴晓波之于“吴晓波频道”，凯叔之于“凯叔讲故事”，皆是如此。

“得到”基本实现了去罗振宇个人IP化。罗振宇的形象对于公司整体经营来说，存在感并不是很强。比如，打开“得到”App、“得到小程序”、公众号，里面没有对罗振宇个人形象做刻意体现，因为这些对用户体验并不产生什么特别的作用，也不会改变人们对罗振宇及“罗辑思维”关联性的掌握。

知识型IP的“三环节”

早在多年前，知识型IP就已经盛行，一个代表性的人物就是“疯狂英语”的创始人李阳。只不过彼时，大多数人对于IP这个词汇没有太多概念，最多就觉得这是一种出名方式。

李阳可以说是在教育领域成功打造个人IP的先行者了。抛开后来“家暴”丑闻不说，当年他带起的“英语热”可谓影响了许多人。据说李阳在事业巅峰时期，全球拥有将近3亿学生，这阵势可谓“疯狂”。

如今的罗振宇其实也一样。这种知识型IP有一个相对完整的链条，至少包括三个环节：第一，知识内容，就像“得到”上的专栏一样，要有一些标准化的知识课件；第二，线上交互平台，可以跟用户发生信息、交易等方面的互动，提高用户黏性和付费意愿；第三，一种比较好的状态是要有社群，针对用户群体，能够把群运营起来，建立不断扩大的存量客群的“池子”。

最终，促成人类商业交易最核心的因素就是“稀缺性”。“你的报酬不是和你的劳动成正比，而是和你的劳动的不可替代性成正比。”稀缺性产生在哪里，哪里就将出现交易入口，主要体现在：第一，流量；第二，价格；第三，IP。

对此，罗振宇结合自身经历，给出了更进一步的说明。

> 给大家讲一件发生在我自己身上的丢人事，或许能够更好地解释清楚这些新入口。众所周知，每天早上我的微信公众号会发一段时长60秒的语音，然后提示一个关键词，用户回复这个关键词会得到一段图文页面。说白了，“罗辑思维”的所有商业意图，都是通过这个图文页面来实现的，比如每周五推一本新书。

有一天，我突然欲火中烧：“能不能每周五不发语音，直接推送图文页面呢？”因为每天听语音的用户很多，但是回复关键词的只有十分之一。如果这么干，意味着当天图文页面会直接推送到500多万用户面前，流量会增大10倍。那个周五，我们为这个“阴谋”做了大量的准备，客服、备货、库房、物流，各部门都严阵以待，生怕疯狂扑来的单子会把我们淹没。

结果呢？什么也没有发生。平时卖多少，那天也是卖多少。奇怪！流量明明增大了10倍啊！回头一想，也就释然了。人家用户平时连关键词都懒得回复一下，要么对你没兴趣，要么对你不信任，要么不想支持你，难道你把图文消息推到人家鼻子跟前，人家就搭理你了？就掏腰包了？从“未来一切交易都是社交”的角度来看，这个结果特别正常。

这说明什么？说明因IP、社交带来的交易，是一种全新的交易类型，是正在洞开的新的交易入口。其中的规律迥异于此前的流量和价格两大入口。这个现象值得所有创业者深思。

我认为，还有第四个交易入口也在打开的过程中，那就是“知识”。“罗辑思维”自认为正在艰难地探索这个入口，作为一个悬念留在这里。

IP的四大优势

如今靠胆大蛮干的时代结束了，人们发现知识需要提升，因为社会越来越完善，真本事才能挣到钱。所以近些年，大家对知识变得如饥似渴起来。内容付费已成为一个必然趋势，这也让内容产业迎来了一个更好的时代。

另一方面，在自媒体时代还没有到来之前，我们每一个人都只是普通得不能再普通的个体，而随着自媒体的快速发展，在其加持下，每一个人都拥有了获得巨大成功、实现人生逆袭的机会。塑造个人品牌，可能是未来唯一一个能超越房产增值的认知。

今后每一个人都是独立的经济体，个人的创造力得到了极大的释放。未来最赚钱的领域，可能就是知识型IP，因为他们将会有越来越多的机会去参与商业利润的分配。那些始终找不到定位的人，只能依附于组织的安排才能生存，他们或许将沦为社会的最底层。

不过，纯粹通过通用知识去推动个人IP树立的模式，将变得越来越弱，红利期终将消失殆尽。只有那些真正有能力、有特点、有特长、不需要依附更多附加因素的独有IP，才能讲述更大的商业“故事”。

打造个人IP或个人品牌，会有什么优势呢？

第一，更低的认知成本：相较于要让别人花费很多的时间、精力和金钱去认识一个人，拥有个人IP的人，可以率先完成别人对自己的认知过程。

第二，更好的信用背书：拥有个人IP，可以相对容易得到别人的信任，而商业交易的本质就是信任。没有个人品牌，要让别人信任你就很难。

第三，更高的溢价：同样的产品，同样的服务，IP可以卖得比别人贵，且推广成本很可能也比没有品牌的个人或者公司要低得多，这也意味着IP会从中谋求更多利润。

第四，拥有话语权：话不在乎对错，而在于谁说。大IP说的话，人们可能会更有耐心去倾听，这就是价值特权的展现。

这正如罗振宇在2015年首次跨年演讲会上说的那样：

“我们这一代创业者，面对两个时代性的机会：一个是互联网科技大爆发，一个是中国中产阶级的崛起。我们通常把后一个机会理解为简单的‘消费升级’，大家愿意买更贵的东西了。但是我想说，商品不会简单地变贵，也不是简单地变得更好。所有的溢价都要有一个全新的理由。如果你不理解IP，不自己成长为IP，不拥有一些IP，也不会利用这些IP，那么你就会和这一拨机会擦肩而过。”

（王曼卿　文）

第 11 章 >>

年糕妈妈，
母婴赛道的“搏击手”

母婴品牌“年糕妈妈”的成功，是互联网时代颇具代表性的“偶然”。

“年糕妈妈”的创始人李丹阳，在2014年之前的人生称得上“按部就班”。她出生和成长在江南小城——浙江衢州，热爱看书，成绩优异，从小就是“别人家的孩子”。高考后如愿进入浙江大学，即使因为家人的劝阻没能去念喜欢的新闻系，李丹阳还是在浙大踏实地完成了七年临床医学的学习，因为家人说“本硕连读挺好”。

习惯听从家人建议的李丹阳，人生第一次“叛逆”发生在浙大临床医学专业硕士毕业后——她没有做医生，而是选择进入“中国平安”，从事保险产品的核保和运营工作。紧接着，她和支持她改行追梦的男友结婚，第二次“违逆”父母，嫁了个“外地人”。婚后李丹阳继续在“中国平安”工作，丈夫则就职于快消品牌“宝洁”，小家庭的日子过得波澜不惊。

转折发生在2014年。这一年春天，李丹阳的儿子年糕出生，她的人生走到一个分水岭。用李丹阳的话说，“这个分水岭，不光是指母亲的身份带来的种种变化，也是因为孩子让我找到了事业的新方向”。

爆款来得猝不及防

怀孕之初，李丹阳开始阅读大量育儿书籍，努力为“成为妈妈”这件事做足准备。在这个过程中，她发现国内的育儿资料虽然很多，但真正写得好的很少，不同版本的书籍中甚至会出现互相矛盾的知识，“有的说一岁之前不能吃酸奶，有的又说6个月以后就可以吃”。

网络上找到的育儿知识也呈现鱼龙混杂的局面，很多知识已经过时，有些内容甚至只是在做纯粹的商业诱导。对新手妈妈来说，这些内容无异于一个又一个大坑。七年临床医学的专业学习让李丹阳对此十分敏感，因此她在看过国内的育儿书籍之后，不得不继续翻阅外文材料做考证，翻译、对比、做笔记，俨然找回了做医学生时严谨的学习习惯。

李丹阳天生有个“热爱分享”的性格。当妈妈之前她就常常在社交网站分享菜谱、分享游记，儿子出生后，她开始把自己总结的育儿资料整理成文章发到妈妈群里与大家分享。一开始，李丹阳只是想和身边的妈妈们分享科学育儿经验，没想到这些文章因为考据严谨，文风又很活泼接地气，在妈妈群里颇受欢迎。读者越来越多，妈妈们开始鼓励李丹阳开公众号写文章。

2014年7月31日，李丹阳注册了第一个微信公众号，取名“年糕妈妈”，并在当天发出了第一篇文章。文章从word转到公众号后台，对李丹阳来说似乎没有什么不一样，标题随意，排版粗糙，关注、阅读、转发这些数据当时也并没有重视。在"猎云网"的采访中，李丹阳告诉记者"我大概弄了几个月，才知道标题应该好好起一下"。即便如此，因为李丹阳有着足够专业的医学背景，从小对文字的热爱又让她善于把控逻辑和行文，"年糕妈妈"的文章总是能把复杂的理论讲得清晰又轻松，妈妈粉丝们很快聚集了起来。

2014年8月18日，"年糕妈妈"发出第10篇文章，标题简单直接，"辅食专题（一）辅食添加时间、顺序、基本原则"。这篇文章在一周内更新了三次，成了"年糕妈妈"第一篇拥有10W+阅读量的文章，而彼时"年糕妈妈"的粉丝数只有几千人。紧接着，辅食系列的5篇文章阅读量纷纷破10万，爆款来得猝不及防，"年糕妈妈"一战成名。4个月后，公众号粉丝突破1万。

如潮的好评让李丹阳开始正视这个小小账号的意义，她开始考虑辞职经营公众号，有机会做自己喜欢的文字工作，同时还能多点时间陪儿子年糕。2015年初，在丈夫的支持下，李丹阳正式成立工作室——姑苏区年糕妈妈母婴服务工作室。随着第一个助理的入职，团队组建开始了。"年糕妈妈"公众号从一周三更变成日更，粉丝数也迎来了爆发性增长。

虽然一不小心成了育儿领域的独角兽，但让李丹阳下定决心接受投资开始创业，还是因为投资人张泉灵。张泉灵找到李丹阳时，"年糕妈妈"已经在不到一年的时间里聚集了30多万粉丝，对此李丹阳很满足，觉得自己

“科普优质育儿内容，帮助身边的妈妈们科学育儿”的目的达到了。张泉灵则一语惊醒梦中人：“可能还有几千万，甚至几亿的妈妈们需要学习科学育儿的知识，但她们没有途径去学习了解。”李丹阳被说服了。

张泉灵选择投资“年糕妈妈”的原因更简单：那时“年糕妈妈”公众号打开率高达50%，即使处在风口的2015年，这仍然是个让人惊叹的数字。

团队化运作后，“年糕妈妈”开始运作微信公众号矩阵，并入驻“抖音”“微博”“今日头条”等全媒体渠道，通过文字、漫画、视频、音频等多种形式传播育儿知识。据“新榜”数据显示，截至2019年，“年糕妈妈”内容矩阵共产出10w+育儿文章超过1500篇，单篇文章最高阅读量超过220万。“年糕妈妈”官网数据中，微信公众号矩阵总订阅用户已经突破1900万，全网订阅用户也已超过3000万。李丹阳还在采访中介绍，目前“年糕妈妈”的视频栏目“糕妈60秒”几乎每周都能在全平台收获上千万的播放量。

优选全球实用好物

内容创业者在积累了第一批用户之后，通常会选择电商业务作为首次尝试的变现方式。但在“年糕妈妈”这里，电商业务的初涉也充满偶然性。

起因是“年糕妈妈”在2014年12月9日发布的一篇题为“宝宝皮肤水润润，冬季护肤三部曲”的文章。没想到这篇科普婴儿冬季保湿知识的文章中，提到的一款湿疹霜引起了妈妈们的围观，纷纷留言要求团购。“年糕妈妈”第一单粉丝团购就这样诞生了。

据李丹阳后来回忆，当时公众号粉丝只有一万多，自己联系来的十几万货物却在几个小时内被抢购一空。这让李丹阳和丈夫看到了内容创业变现的可能，之后他们也开始不定期组织粉丝团购。这是“年糕妈妈”电商品牌——“年糕妈妈优选商城”的前身。

公司获得融资后，糕爸也辞职正式加入“年糕妈妈”，并组织建立了专门的电商业务团队，搭建供应链，自建仓库，全力运营“优选商城”。而平台首次特卖活动就取得销售额破百万的好成绩，也决定了之后一段时间“年糕妈妈”的发展方向——做母婴类垂直电商。

作为“年糕妈妈”旗下的电商平台，“年糕妈妈优选商城”的宗旨是“优选全球实用好物”。上线两年后，商城已经集合了国内外知名品牌上百家，其中70%的商品由品牌直接授权，92%的商品由品牌直供，100%的商品链路径可追溯。如今，“年糕妈妈优选商城”月均成交额超过6000万，已经是母婴领域首屈一指的电商平台。

完善电商平台的同时，年糕妈妈还以自身科学育儿知识体系为基础，开发了自有品牌“nicomama”。目前，“nicomama”的产品除了纸尿裤等常规母婴用品外，还有自主开发的碳纤维竞技滑行车、宝宝洗手液、微坦婴儿车等多款产品。两年前李丹阳在接受“网易”采访时透露，上线两年，自有品牌产品在商城占比已达到15%，年销售额也已突破1亿。

发力知识产品业务

2017年，知识付费成为新的风口，“年糕妈妈”也顺势而动，当年5月正式上线知识产品业务。

不同于公众号的仓促开端，李丹阳对“年糕妈妈”的知识产品从一开始就有全面完整的计划：她想要打造“妈妈大学”的概念，从家长教育孩子的诉求出发，配备完整的教材、教具和打卡制度。

“妈妈大学”的构想，也是从李丹阳曾经的小小梦想完善而来：2013年怀孕时，李丹阳常常要挺着孕肚去参加医院开设的孕妇课，学习如何照顾宝宝，那时她就希望妈妈们能通过在家学习解决这些问题。知识付费成为新的行业趋势，让李丹阳看到了希望。

“年糕妈妈”的知识产品，仍然以科学育儿理念为基础，坚持“让孩子们在快乐中启蒙”。为此，糕妈团队邀请国内外专家合作开发了60余套专业课程，搭配全套定制启蒙教具，以场景化教学方式来激发孩子的兴趣。至2019年底，经过一年半的开发与优化，"年糕妈妈"已经上线100多门精品课程，包括英语启蒙课、尤克里里课、手工课、黏土课等多个领域和形式。

2019年11月，糕妈在接受"36氪"采访时说，知识产品业务是2017年5月上线的，目前有100多门精品课程，其中单课最高销量超过3万份，2018年GMV（网站成交金额）近7000万。

知识产品逐渐成熟后，2018年6月，"年糕妈妈"团队继续发力学龄前教育业务，上线了首款早教产品——"早教盒子"。李丹阳试图用这款产品重新定义"早教"。

结合国内外先进教育理念，李丹阳认为宝宝的早教最核心的一点其实是互动和陪伴，但这一点常被父母甚至整个行业忽略。毕竟花钱把孩子送进早教班，家长在一边玩手机，那不是真正意义上的早教。美国著名育儿专家劳拉博士说："育儿中要把80%的力气花在搞好亲子关系上。"李丹阳在此基础上进一步提出，育儿的本质是亲子关系。

因此，年糕妈妈联合资深专家团队共同研发了"早教盒子"，通过线上视频课程搭配配套教具的方式，旨在帮助家长用亲自陪伴的方式，在家给孩子做早教。"年糕妈妈"研发的"早教盒子"根据宝宝的月龄做了个性化定制，系列产品分为1个基础盒子和12个月龄盒子，专业教具超过100个。

每个月龄用到的教具会根据宝宝的生长发育进行阶段性更新，准时包邮寄到用户家里。

2018年9月上线的第二款产品——“数学盒子”，作为针对2～6岁宝宝的新款产品，也受到了更多用户的追捧。据“年糕妈妈”官网数据，至2019年年底盒子系列产品的交易额已超过5000万。

为什么“年糕妈妈”能脱颖而出

从创业时的无心插柳，到发展期的全面开花，“年糕妈妈”已经成为集媒体产品、教育产品和优选电商于一体的专业母婴品牌。但直到如今，李丹阳都坚信内容是“年糕妈妈”的本源，是公司最重要的能力，也是所有业务的引擎；而电商平台、知识付费等业务，都是在内容这棵好好成长的大树上结出的甜美果实。

虽然内容创业曾一度是炙热的风口，但内容创业打造爆款难度极高，而内容产品的用户黏性又很低。“年糕妈妈”坚持做了六年的内容，无论是口碑爆发期，还是如今的平稳增长期，李丹阳的坚持似乎从未改变。

我们尝试解构“年糕妈妈”初始阶段的文章，可以得出三个方面的优势。

第一，李丹阳从怀孕、生产到育儿，身为宝妈的经历和痛点引起共鸣。

“年糕妈妈”诞生于李丹阳在怀孕过程中对科学育儿知识的诉求，完善于身边宝妈读者们的正向反馈。起初微信公众号的选题，也都是自己在育儿过程中遇到的真实问题促使她寻求更多解答，这些问题是“年糕妈妈”的目标用户群体很容易遇到的，因此引发共鸣、激发互动与关注也非常容易。

同时，“年糕妈妈”微信公众号的成长是与李丹阳的儿子年糕的成长相互伴随的，推送文章中用到的示例配图，常常由糕爸糕妈和年糕亲自出镜。这种伴随式成长的体验，能够天然拉近同样为人父母的用户与糕妈的关系。用户能从一张张年糕的照片、一行行充满情感的字句中感受到文字后活生生的糕妈，以及她在育儿这件事情上的充沛热情，这也使得“年糕妈妈”在获取高黏度用户方面有着天然优势。

第二，以国内外科学理论做支持，有专业说服力的同时，还兼有轻松易懂的幽默解读。

李丹阳是临床医学硕士出身，具备丰富的医学知识，对育儿知识科学与否的辨别能力高于普通妈妈。采集美国儿科学会（AAP）、美国疾病控制和预防中心（CDC）、世界卫生组织、英国国家医疗服务体系（NHS）等权威机构的资料加以甄别选用，并在文章中标注出处，使得“年糕妈妈”传递的每一个育儿知识点，都有相当程度的说服力。

李丹阳曾经想要报考浙江大学新闻系，对阅读的热爱也让她对文字有很好的掌控力。一方面，她的文章逻辑流畅、行文很幽默接地气；另一方面，她能依靠专业医学背景，把复杂的专业理论拆分开来，进行简单易懂的解读，在一定程度上降低了用户获取知识的难度。

第三，从中国家庭的育儿特色出发做科普，不是国外理论的生搬硬套。

虽然“年糕妈妈”科普的育儿理论多来自国内外权威机构和学者的研究所得，但李丹阳做的事情并不是简单的搬运、翻译。在她个人学习这些理论知识的时候，李丹阳的参照对象是自己和儿子年糕，可以说“年糕妈妈”账号早期发布的每一条育儿知识，都经过了李丹阳和儿子年糕的摸索和本土化实践。微信公众号和微信群的及时互动和反馈，也让李丹阳能够及时大量地收集身边真实的育儿问题。“年糕妈妈”传递的理论知识，是新鲜及时、与时俱进的。因此，地域背景、文化差异和体质差异等带来的理论不适，在“年糕妈妈”的用户中是极少出现的。

李丹阳通过公众号与妈妈们交流“中国丧偶式育儿”“父亲在育儿过程中的缺失”等话题时，曾引起广泛的共鸣。于是，李丹阳就这些问题与美国科恩博士展开合作，形成一套游戏育儿的理念。最先受此理念影响并做出改变的正是李丹阳的丈夫、年糕的爸爸。他虽然工作忙碌，但在李丹阳的影响下，还是会在陪伴儿子年糕的时候做到全身心投入，通过游戏育儿的方式帮助年糕成长和进步。

融资之后，"年糕妈妈"组建了更加庞大专业的内容团队。这个团队中有一半是妈妈，她们大多拥有良好的外语能力，又有很强的网感，可以实现团队的互相补充。这支庞大的内容生产团队做的事情，就是在上述三大优势的基础上进行升级、深化。

在接受公众号"芥末堆"的采访时，李丹阳曾经详细介绍过"年糕妈妈"新媒体矩阵内容的生产过程。

首先，"年糕妈妈"组建了专门的多语种外文编辑，负责调研国外权威机构的最新育儿理论成果。每篇文章在编写前，团队都会先将中外各网站的资料汇总，搭建资料库，并将资料来源分为A级、B级和C级。其中，A级出处主要是权威官方协会、机构等，内容最为优质；B级则包括部分国外专业育儿网站，这些内容需要团队继续进行多方查证。而"年糕妈妈"矩阵发出的文章，每一个育儿知识点都要有权威书籍、机构或团队的对应出处，以确保内容的专业性。

编辑团队之外，李丹阳还邀请了六位一线临床医生担任专家顾问团，他们分别来自儿科、妇产科、内科、儿童保健等多个领域，与内容制作保持密切联系。文章成型后，就要交由这些医生组成的顾问团进行审核，查漏补缺的同时，也对文章中的观点与临床医生们接触的实际情况进行对比，以便将内容更好地本土化。

在这样严密的内容生产流程下，“年糕妈妈”内容矩阵几乎已经把“科学育儿”做到了极致。内容受欢迎，粉丝大批聚拢，也就成了水到渠成的事。

如今，“年糕妈妈”开始在科学准确的基础上做内容的体系化建设，试图把过去六年间的内容分门别类沉淀下来，打造一个“内部图书馆”。这样做一方面是为更加精细化的内容做准备，另一方面也为旗下电商和教育产品夯实基础。

电商平台如何赢得用户信赖

不同于内容层面的一再复杂化、精细化，在电商和知识产品两大业务上，“年糕妈妈”其实一直在做最简单的事情。

一个能得到用户信赖和拥趸的电商平台，要做的事情无非是两点：物美，价廉。

在商品质量方面，“年糕妈妈”建立了内外部全面严苛的审核标准。

据媒体报道，在公司内部，每一款上架产品都要经过买手选品、选品委员会初审、试用环节、选品委员会二审、糕妈试用终审等多个环节，虽然复杂，却换回了高质量的产品保障。同时，公司也设立了质量部和法务部进行双重把关，确保每一款产品来源明确、质量可靠。

自我审核之外，"年糕妈妈"还主动与SGS（瑞士通用公证行，是国际公认的检验、鉴定、测试和认证机构）、浙江省检验检疫科学院等多家第三方检测机构合作，严格把控商品质量。

2018年，"年糕妈妈优选商城"通过了ISO9001认证，开创了国内电商领域的认证先河。ISO9001体系是目前国际上认可度最高的质量管理体系标准，通过这一专业认证则表明，"年糕妈妈"能够持续稳定地向用户提供合格产品，在各项管理系统整合上也达到了国际标准。

在商品价格方面，"年糕妈妈"则从采购环节开始，积极拓展产品供应链，努力追溯到供应链上游，通过直接与品牌方或品牌授权总代理商的直接合作来保证产品的正品和低价。

除此之外，"年糕妈妈"最大的优势，再度回到它扎实的内容基底和强大的用户互动上。因为与用户高频次、高质量的互动，接收来自用户新鲜真实的反馈，"年糕妈妈"无论是商品选择还是后续服务，都有助于做到真实的"从用户需求和用户体验出发"，更懂用户。

坚持“深度定制”的生产模式

与电商业务一样，“年糕妈妈”的教育产品同样坚持“打直球”。

中科院自动化研究所科学艺术中心副主任张之益曾经对付费产品做出点评：“付费产品想获得成功，一是内容产品的选择定位与自身知识储备契合度较高，能够给予用户独到的见解和分析，这代表了内容生产能力；二是产品运营有序，选择合适的平台，制定有序的生产流程，能够给用户带来更好的使用体验。”

“年糕妈妈”的内容生产能力几年来还是得到市场认可的。免费进阶为付费产品，糕妈也深知其核心竞争力——课程的重要性，因此“年糕妈妈”的付费课程坚持了“深度定制”的生产模式。

“年糕妈妈”的学院是半开放式，既有糕妈自己的课程，也会邀请更多领域的专业讲师入驻。但即便是足够有名气、已经有了系统化课程的专业学者，他们仍然不能照搬原有的课程，而是要和糕妈的团队就合作内容进行深度梳理，从零开始定大纲，磨讲稿，一遍一遍地录制音频以及视频。

在这个打磨的过程中，讲师提供专业知识，糕妈团队则提供他们在过去几年里与数千万妈妈直接高频交流积累的经验，以及经过用户体验的更简单易懂的授课方式。既从妈妈们的切身需求出发，又有专业理念加持，符合科学育儿观，这就是“年糕妈妈”付费课程受欢迎的原因。

既有免费科普，又有付费课程，“年糕妈妈”对两者程度的巧妙把控也有借鉴的价值。“年糕妈妈”的付费内容和免费科普内容有着明显的区别，前者更专业、更直观、更全面。

举个例子。

微信公众号“辅食指南”主要是通过图文形式呈现的辅食知识、制作方法、搭配建议等内容，专业易懂，为新手妈妈们提供科学育儿的指引；付费课程中的相关内容，则是由李丹阳、专业医生和辅食专家在食物做法、喂食方式、针对宝宝噎食的急救技能等方面进行直接示范，同时课程还会根据孩子月龄进行分类，搭配提供辅食日历、音频课程等产品，更直接、更清晰地解决妈妈们的困惑。

内容足够专业，积淀足够深，运营足够尊重用户、理解用户，这或许是“年糕妈妈”在知识付费领域能够成功的原因。

专业人士创业最好的时候

文章开头我们说“年糕妈妈”的成功是“偶然”，这当然只是硬币的一面。

李丹阳入行或许是个意外，但“年糕妈妈”这个品牌的成功则是因为她和团队的偏执：对内容深耕的偏执，对满足用户需求的偏执。

在育儿这个宏大的市场中，国民现状是重视育儿，但普遍缺乏足够的科学育儿知识，对母婴产品的认知也存不同程度的差异。

恰恰是这个痛点击中了李丹阳。于是从内容出发，李丹阳决定要让自己和身边的妈妈都能通过科学靠谱的优质育儿内容呵护宝宝、解放自己。“年糕妈妈”品牌的不断扩大，也不过是随着“身边的妈妈”这个群体在不断扩大而已。

在“内容”这块“年糕妈妈”品牌扎根的土壤上，无论是一开始的单打独斗，还是如今拥有了专业庞大的团队，李丹阳都展现了对专业的坚守。

做内容，糕妈团队似乎不怕麻烦，甚至常常主动把流程复杂化，为的就是让理念更加科学，方式更加多样，用户接受更加方便快捷。从一开始单纯的图文模式，到如今漫画、视频、音频多种表达方式全渠道发布，每一个字、每一张图、每一格漫画、每一帧视频，糕妈团队都坚持自己生产制作，为的就是一个质量。

在0～6岁孩子的科学教育领域，“年糕妈妈”已经成为少有的独角兽，深深扎根的内容树就是他们用六年时间构筑起的“护城河”。

对“年糕妈妈”的定位，李丹阳认为他们是母婴内容细分领域的探路者，但在我们看来，他们更像是这个行业里的“启发者”。他们对其他人的启发，就是这份对内容质量的偏执。

以知识体系为根基，“年糕妈妈”在电商和知识付费领域的探索，不如看作是他们为了“满足用户需求”而进行的新尝试。

2018年小程序爆发之后，糕妈团队也紧跟风口，开发了两个小程序“年糕妈妈育儿讲堂”和“年糕妈妈优选”，两者分别指向知识付费业务和电商业务。对用户而言，便捷的跳转途径和使用方式大大降低了时间成本，对糕妈团队而言，这个载体本质上还是在考验他们的供应链能力和运营能力。

一切以用户需求为根本，以尊重用户为出发点，敢于跟着风口尝试所有新载体，这份勇气或许是“年糕妈妈”根植优质内容的底气给予的。

如今，阅读内容—购买商品—更深指导，用户连锁反应一样的多样化需求推着“年糕妈妈”的三大业务齐头并进，逐渐形成了一个供应闭环。为了一如既往地满足用户，“年糕妈妈”正在努力让这三大业务齐头并进，避免出现短板。

但未来究竟成长如何，还有待时间的检验。

“年糕妈妈”的案例，对于许多想把自己的一份热爱做成一份事业的专业人士，还是有不少启发的，那就是：抓住内容创业的风口，然后做出足够优质和专业的内容，再辅以资本的力量，总有一天会开花结果。

（曹　冰　文）

第 12 章 >>

樊登，“替人读书”也能做成一门大生意

今天谈及知识付费领域，有三个人是不得不提的，他们是罗振宇、吴晓波和樊登。

从央视制片人、主持人到脱口秀“罗辑思维”，再到“得到”，罗振宇身上贴着的“文化”“深度”的标签以及每天60秒的微信语音，成为互联网知识付费领域竖起的一杆大旗。与此同时，2014年百度moments营销盛典最具品牌价值财经作家榜首、拥有十余年商业记者生涯的吴晓波，创立的“吴晓波频道”“890新商学”成为赛道另一匹黑马，年营收数亿。

相较于两人，樊登起步得并不算早，但发展得却很快，短短几年他创办的“樊登读书”就已经年营收过亿，生生把“替人读书”这么阳春白雪的事做成了一门大生意。

樊登是怎么做到的？商业模式的启发是什么？

因辩论改变命运

其实，樊登在成为别人的人生导师之前，也经历过一段涅槃重生的时期。

根据网上公开的资料，樊登于1976年出生在古都西安的一个知识分子家庭，父母都是老师，一个在大学教数学，一个在小学教语文。

“重理轻文”是那个时代教育的写照。樊登小时候成绩优异，但他不爱学习理科课程，中学时期就开始偷摸地看文学读物。尽管被父母屡屡禁止，但他依然不思悔改，导致高考物理只考了52分。即便如此，他还是被西安交通大学材料系录取。

20世纪90年代初的大学生很“值钱”，“西安交大”的名头更“值钱”。但在浓厚的学习氛围中，樊登却说自己是“混”过来的。他那时除了考试，对读书的态度是绝对的“敬而远之”。在大学的几年里，2000多部录像成为樊登“游手好闲”最有力的见证。

如果一直这样下去，樊登很可能按部就班的毕业、工作，当一个普通教员，默默无闻。但仿佛命中注定一般，大三时他突然对辩论产生了浓厚的兴趣，试水般的尝试竟然轻而易举地拿了辩论大赛的冠军，人生轨迹也在那个时候转了个大弯。至今在樊登的“百度百科”里，排在“荣誉记录——个人奖项”前三位的是三次辩论赛冠军，分别是在全国名校邀请赛、全国大专辩论会和国际大专辩论会上获得的。

流传甚广的一个说法是，当时辩论赛已经在国内掀起了风潮，摩拳擦掌的樊登鼓动校方报名参赛，但校方却以理工院校为由，拒绝“不务正业”。之后，樊登凭一条三寸不烂之舌成功说服校方，才为自己挣得了这个机会。

此后，樊登获得了西安交通大学管理学院管理学硕士学位，期间拿到了CCTV举办的“蓝带杯”第一届全国大专辩论会的冠军。这是他拿到的第二个辩论赛冠军，一时之间，他成了小有名气的青年才俊。

为了参加辩论赛，樊登必须不断扩充自己的知识储备，阅读成了他每日的必修课。2000年底，即将硕士毕业的樊登职业前景一片辉煌，身兼多个品牌的产品营销策划，还和同学借钱创办了教育培训班。但这些规划，都在他看到一则招聘启事后觉得无足轻重了。

那是湖北电视台《财智时代》节目计划通过一场电视大赛公开招聘主持人的启事。樊登义无反顾地报了名。有了CCTV辩论赛冠军头衔的加持，他在80多位报名的候选人中脱颖而出，杀入决赛。年轻的脸庞与强烈的自信，深深地撼动了坐在台下评委席上的崔永元。

如果故事说到这里，樊登的来路都还是步步星光，接下来他马上就能体验到什么是荆棘密布。职业起点如此之高，并不意味着不会坎坷频频，是风水轮转也好，是上天历练也好，总之这个一路顺风顺水、意气风发的青年第一次陷入了深深的迷茫之中，而且这一陷就是十年。

在书中叩问人生

据网上的资料，之后的樊登虽然被承诺50万年薪，实际到手的月薪也不过万余。《财智时代》节目收视率让台里觉得半年前大费周章的招聘并不值得，樊登无话可说，"就业就失业"的压力与日俱增，他夜夜难眠。

樊登想起了崔永元对他说的，你要是干不下去，就来找我。转战到"央视"并不难，一个电话之后，他成了当时炙手可热的崔永元的得意门生。

他也相当珍惜这个机会，努力使自己的辩论语言模式适合主持人的框架，他夜以继日地调整、学习、倾尽心血。虽然无数的前辈和制片人都认为他不适合做主持人，但他就是不低头，凭着一股子执拗，把崔永元模仿得入木三分。到了后来，如果只听声音，根本分辨不出两人谁是谁。可那时候的樊登还没明白，个人魅力是骨子里带出来的那股气质，单凭外在的模仿是难以形成的。

所以，即使在20多岁时就"接班"崔永元最火的《实话实说》节目，樊登也依然没能成为心心念念的“名嘴”。他后来说，那时只有师父崔永元说不认可他的人是不识货。但是不是金子，不是身边的人说了就算的，观众买了账的，才有价值。

十年的主持生涯中，樊登不断地更换战场，《12演播室》《选择》《三星智力快车》《成长在线》《爸爸培训班》《奋斗》《给你一个亿》《商界传奇》……无一例外都成绩暗淡。少年时怎么都浇不灭的理想火焰，渐渐在时间的流逝中成了人生的枷锁。他那时想过，只要有人每月给他2万块钱，他能马上把自己卖了。

书中的“黄金屋”和“颜如玉”，有时也能成为焦虑的避难所。如果说之前读书的目的是为了让自己的学识撑得起体面的工作，现在再读书时多少有了些向内求索和消极避世的心态。他用了一年的时间读《论语》，而且只读这一本书，各种版本的《论语》。当读到“君子谋道不谋食。耕也，馁在其中矣。学也，禄在其中矣。君子忧道不忧贫”时，他豁然开朗了。

君子用心谋道，而非谋食。谋道，谋的是修养和学识，早晚会出人头地；而谋食，即使再用心也难免不遇天灾人祸。无论哪一本书，能在当下醍醐灌顶的，就都是之于信徒的“圣经”。

之后是一年的《道德经》，再之后是一年的《金刚经》，读完东方的书，再读西方的书，发自肺腑的快乐都在那一摞摞的纸堆里。

但在现实的逼迫下，樊登也只能重回校园。他考入北师大攻读电影学博士，之后不是站在三尺讲台就是偶尔站在聚光灯下。大学讲师与主持人，身份光彩又安稳，只是与少年时就站在风口的高光比起来，樊登还是心有不甘。

有时候，运气就像一对早已在你背上生出的翅膀，只有当你做好准备，它才能现出形状，带你高飞远行。樊登有一次偶然参加了一个IBM的认证培训项目后，他决心尝试着做培训讲师。直到这一刻，他才明白，辩论赛场、聚光灯下、讲台之上，都只是试炼场，导师身份之于他才是宿命所致，他终于找到了自己的价值。热门课《可复制的领导力》和商业咨询服务让他如鱼得水，大学毕业时几人借钱创办的教育机构也早已在全国遍地开花。

“替人读书”成为一门生意

樊登在做老师和讲师时发现，很多学生都有强烈的读书愿望，但他发了书单，能读完的人却少之又少，要么没时间，要么读了也消化不了。

2013年，他和在西安交通大学管理学院当主任的好友谈起了企业家小圈子里的读书分享会。他们两个正好一个擅长组织，一个擅长讲课，“也搞一个”的想法马上落地，说干就干！

一开始，读书会只是以线下的形式，在各个城市大大小小的机构、沙龙和会议室辗转开办。但此时互联网正风生水起，开发了仅两年时间的“微信”已经迅速收揽了3亿用户，拥有庞大的群体基础。他们的一位资深学员，正因为开发的微信软件处处碰壁而愁眉不展，樊登快速阅读的理论深深地吸引了他，如果与软件结合，是不是能够破壁重生？

樊登不是没有互联网思维，他看着自己早早开通的新浪博客，写下的文字却无人问津，他知道了知识分子酿出的好酒还需要精致的包装才能走出深巷。于是，他和朋友很快达成一致意见，把书籍的精华整理成PPT用“微信”的形式推送给会员，目标每年50本书，300元会员费。

一年的时间，“樊登读书会”的线上会员就发展到了700余人，还成立了陕西和厦门两家分会。但是除去商业上的小有成就，樊登依然觉得PPT的形式不是最好的，它们中的大部分就像那些健身教练推销出去的健身卡，在角落里落满了灰。

樊登开始尝试各种形式，一次微信社群内的分享给了他重大启发，以语音的形式做分享岂不正是他最擅长的？但是这样的形式最大的问题就是用户还没有成长起来，对于语言形态的知识付费是排斥的。他开始扩展圈层，从讲给圈内的知名人士开始拓宽用户范围，由他们带来的影响使得“樊登读书会”的会员很快破万，甚至被冠以“中国中产阶级的标配”的名头。

随后，“樊登读书会”迅速崛起，建立分销模式，获得资本青睐，迎来知识付费的元年，上线“喜马拉雅”，开设专栏，用户一度近3000万……

现在的“樊登读书会”成了读书领域的一个知名品牌，线下的樊登实体书店也开始铺设开来。樊登依然在阅读，拆书，整理授课。当然，也不乏被人批评是在制作“知识药丸”，与罗振宇一起被批评为“焦虑贩卖者”。

怎么能让国人爱读书

中国人不爱读书，已经是一个极具普遍性的社会话题了。

2017年，据中国人民大学“中国调查与数据中心”主持的中国综合社会调查（CGSS）数据显示，在过去的一年里，我国年满18岁的成年人中有63%的人一本书也没读过（包括纸本书和电子书）。

相比于韩国的人均7本，日本的40本，俄罗斯的55本，中国人年平均的0.7本实在有点难以启齿。是我们没有阅读的能力吗？国家统计局公布的《中华人民共和国2019年国民经济和社会发展统计公报》显示：2019年我国九年义务教育巩固率为94.8%，2020年义务教育巩固率达到95%。这意味着在我们14亿的人口基数上，至少有95%的人能够熟练掌握常用汉字，熟悉各类文字载体，具备一般阅读的必要条件。

所以，真正影响我们阅读的，可能是阅读资料的供给、阅读偏好与习惯，等等。

中国人民大学“中国调查与数据中心”主持的中国教育追踪调查（CEPS）项目，从2013年起，对全国20个省、市、自治区112所学校随机抽样的10279名初中一年级学生进行逐年追踪。2017年调查数据显示，抽样学生的阅读品类中，小说类书籍的占比达到70.8%，其他书籍尤其是科普及社科类，基本没有。

就习惯来说，一些人的娱乐集中在牌桌上、麻将馆和网吧里，尤其在中小型城市，各个年龄段的人都有自己喜爱的娱乐方式。这些公共消费场所的人满为患，与图书馆和书店的门可罗雀，形成了鲜明对比。

据说，日本某管理大师在一本书里直接挑明：中国遍地都是按摩店，而书店寥寥无几，中国人每天读书时间人均不足15分钟，没有希望成为发达国家。

在我们的旧观念中，读书不如人脉有用，读书不如赚钱有用，总之读书这种持续性长久、回报率低的行为不实用。

如果哪个孩子对课本之外的书籍感兴趣，往往会受到家长和老师的压制，从而产生抵触情绪；而且即使部分人有读书的欲望，也没有时间。题海战术和补习班，让学生们忙到焦头烂额。

樊登在接受采访时曾说，很多父母都在意孩子的自律性，而自律来源于自尊水平。如果一个人觉得自己是知识分子，就会坚持读书。但我们的教育是期望孩子找到稳定的工作，给孩子危机感。这种危机感会产生巨大的负面作用，变成不快乐的被动型人格，当读书与煎熬、考试和压力联系在一起时，他当然不会感受到快乐。

在知识付费之前，互联网和社交媒体就掀起了炫耀读书姿态的风潮。在一些人的粉饰之下，读书成了彰显自己格调的消费，是展示给别人看的，而非需要从书籍中获取知识和能量。所以，当“樊登读书会”提出50分钟读一本书的卖点时，有人质疑：这究竟是不是投机取巧？

樊登给出的理由是，“樊登读书”是教育，教育的目的是改变大脑，方式不重要。书放在那里但是没有学习的能力或者时间，对你就是无用的。即使你读过，不同的角度和理解也会提供另一种思路。“樊登读书”选择书籍的共同点是，内容非常重要但是学校里不会教，比如亲子沟通、夫妻沟通、领导力、营销、创业等。

在较短的时间里让读者掌握一本书的精髓，被认为是“樊登读书”的核心竞争力。而怎么让读者接受和喜欢，就要靠个人风格和传播形式了。

差异化的竞争力

在知识付费体系中，“知识”和“付费”都是关键词。

当互联网带来的信息爆炸在短短数十年内改变了人们的生活时，也造成了一定的困扰。面对繁杂的信息，将具备价值的筛选出来，同时精准避开恶意陷阱，其难度并不小，获取路径和方式对个体而言存在难度。

付费形态打破了传统媒体和免费内容需要依靠广告流量获取商业资金的模式，更直接地进行等价交换。为了获得关注度，一些免费的内容必须想方设法使其更具刺激性，而非引导思考，更适合休闲和娱乐的需要。与不收费的知识对比，收费内容的商业价值必须来自读者的信任。

樊登说：“如果让你从软件商店里付费下载软件，你肯定不干。但如果有朋友宣传，在‘樊登读书’我听了几本书，挺棒的，你也会愿意花365元尝试订阅一年。所以，需要的是能够靠口碑传播的优质内容和专门的销售人员。”

“艾媒咨询”发布的《2020年中国知识付费行业运行发展及用户行为调研分析报告》显示，在2020年疫情暴发期间，有63.1%的知识付费用户购买过知识付费产品，主要以职场技能类内容为主，超九成用户表示对其购买的知识付费产品比较满意或非常满意。也就是说，知识付费项目依然有着巨大的市场，用户黏性也很强，但这不是仅仅依靠忽悠就能让听众买账的。

能有效地解决互联网时代的知识焦虑，是知识付费兴起的动力，但想要实现盈利，课讲得好还远远不够，好课只能让听众不退费，但发展不起来。樊登说，只有让他们觉得有冲击力，把家人都拉过来，每人办张卡，这才是知识付费的门槛。

在保证好的内容上，“樊登读书”选书会遵循TIPS原则：T是Tools，要有可实践的内容；I是Ideas，要有新的理念、想法、概念或是发展；P是Practicability，要能够带来实用性的改变；S是Science，要有严谨的科学文献做支撑。

具备这些特征的图书，都有一个共通性：不好读！而当一个接地气、有代入感、总结到位又极具人格魅力的人用口语化的形式提炼观点之后，就能得到很好的回应，容易引起用户的共鸣。

在代理模式上，参照了樊登个人欣赏的周鸿祎的互联网代理模式，认为3721之所以在当年能卖到几个亿，就是因为5000人的代理团队。所以，“樊登读书”也是按照省级代理、市级代理、县级代理层层递进。

把分销模式用在“读书”和“知识付费”领域，让“樊登读书会”受到了“过于功利化、商业化”的指责。但不得不说，这个办法在商业上是行之有效的。

“樊登读书”的注册用户已经从2016年的40万成长到2020年6月的3600万，离他们要让3亿中国人养成阅读习惯，并且做全中国最大的知识传播体系，通过读书改变社会的愿景，越来越近了。

多元化、多渠道的尝试

经过了几年的风口时期，知识付费已经进入了下半场，整个行业都面临着严重的危机：同质化产品越来越多，复购率缩水，打开率下降，买完不听的现象非常普遍。

《李翔商业内参》在上线初期还是爆款，但没撑过一季，就严重滑坡，即使第二季开始免费也没能挽救回来。这不是个例，弥漫在知识付费行业的集体焦虑情绪与日俱增。

除了知识付费领域本身的内容和模式问题，还面临盗版猖獗的问题。动辄上百元甚至上千元的课程，只需要几元钱就可以在网络渠道购买到。

显然，在知识付费行业里，即使是走在头部的流量IP也不得不考虑如何突破这些局限。竞争远比几年前更为激烈，主动求变，才有未来。

2020年6月21日，“樊登读书”与“快手”合作，进行了带货直播。据称观看人数累计达到200万次，13万册书籍销售一空，累计销售额近千万元。《老子的心事》《脂砚斋重评石头记》《人间词话》《我的经济学思维课》分别在几分钟甚至几秒钟内售罄。

对于线上新模式的尝试，“樊登读书”一直在走裂变的路子。他们除微信端二维码的分享邀请之外，线上App也是以拉新为主要目的、积分为奖励机制来实现快速增长。会员可以通过签到、邀请好友、分享勋章来赚取积分，而积分能够在商城里兑换产品甚至年卡，迎合用户趋利的心理。

线下的经销商分销模式，可以说是“樊登读书”快速增长的重要手段。他们在全国各地建立读书分会：代理商一次性买下整个区域的代理权，经手客户的电话号码归属地在该地区，所有的业务就都会有利润分成。

为了严格监管，总部还设立考核制度。以书店为例，每个书店至少配备3名工作人员，每周至少开展一次线下沙龙，每月需要发展20～150名付费会员，超额部分的奖励按季度分发。

据称，到2019年“樊登读书”已经覆盖了全国30个省份和直辖市、278个地级市，还拓展了14个海外国家和地区，合作中心数量超过1.1万家，实现了用户与营收指数级增长。

但任何组织形式，一旦发展得过快就是对管理能力的挑战。结构繁冗、链条过长带来的反应速度慢、沟通能力不畅、监管触达不到等问题，“樊登读书”也在一一面对。分销商速度发展过快，超过了四层的上下级关系之间的管理被处处掣肘，粗放式管理之下，渠道不集中、销量不平均等问题越来越严重，一些赚不到钱的代理商一定会表达不满。

精简线下代理商模式，实现扁平化管理，被提上了“樊登读书”发展策略的首要位置。

据报道，在2020年初，“樊登读书”开始了大刀阔斧的改革。合作中心的层级限制最多为三级，数千家合作中心在整改之后只留下了2000余家，并对能力、机制、员工以及项目支持等多方面进行了全盘的规划调整。当然，效果也是显而易见的，在“樊登读书”的“423大促”上，据称VIP会员年卡同比增长了84%，线上活动占比更是由于疫情原因高达四成。

边际成本趋近于零

在知识付费领域，头部的产品大都具有以下特点：以内容为重，提供对应领域的服务；以创始人本身，打造IP不断扩张；不断尝试多元化的渠道，扩大矩阵；避免同质化，注重口碑营销；最大限度占用用户的碎片化时间。

在“得到”，用户可以通过年度订阅专栏的形式，挑选喜欢的课程，包括商业、科学、社科、人文等系列的音频，以内容的多样和持续更新为主要特色。

在“混沌大学”，体验则更像教育和网课，有作业，有习题，会公开作业引起学员互动。线下的授课方式也可以提供给大家拓宽人脉的机会。每年花1000多元的费用，可以免费学习过往感兴趣的所有课程。

其他平台的知识付费产品，比如“喜马拉雅”“知乎”“十点读书”等，即使细节上有差异，但不断招揽各领域的高知者合作进行输出，然后收取会员费用，成为知识服务栏目的普遍形式。

与他们相比，“樊登读书”有着自己的鲜明特色。

专注于读书领域，每年读数十本书，边际成本趋近于零——一个人与一百万人，听的内容都一样，生产成本是恒定的。听的人每多一个，利润就能多一份，这也是他们如此在意自己线上线下营销能力的主要原因，也是知识付费这种商业模式最大的优势所在。

尽管知识付费领域越来越成熟，每一个项目仍需要在不断地拆解和调整中更好地适应听众的需求，搭建出更适宜的体系。不管市场如何转变，樊登团队的目标始终保持不变——当用户想要寻求书籍范畴的文化产品时，“樊登读书”会争取成为第一选择。

但是，眼下所有做知识付费产品的人都必须面对竞争过于激烈、产品同质化严重、用户审美疲劳、打开率和完课率越来越低的问题。知识付费还能火多久？值得关注。

情怀是情怀，生意是生意

从辩论赛冠军到“央视”的主持人，再到知识IP、商业顾问，每一次职业定位的转型都需要跨越重重障碍。给别人当人生导师的前提是要掌握自己的人生。

听“樊登读书”的人似乎没有固定画像，各个年龄、各个阶层都可能需要有一个人通过实用的拆书和浅显易懂的传播，来帮助个人实现成长。为人师的第一步，是有站在高位的能力却还能俯下身去，樊登用了十余年的时间做到了。

知识服务，不管具体的商业模式如何，主讲人的风格都是产品的核心竞争力。或风趣幽默，或逻辑清晰，或储备丰富，这是收割用户忠实度的基础。同时，通过整个团队在产品、会员和商业上的运营，最终让商业模式成立。

“樊登读书”的平台最早是微信群渠道，然后是App，现在是短视频和直播，线上线下所有能涉足的形式他们都有涉猎，包括分销、微商，卖会员、卖代理、卖加盟。

所以，情怀是情怀，生意是生意，典型知识分子脾性和纯粹商业头脑的结合才是打得一手好牌的关键，才能在大量的粉丝经济背后收获多重利益。

“樊登读书”高级副总裁曾经说过，“樊登读书”的成长史是一件复杂的事情，具备蝴蝶效应。在超级红利期成立公司，却没有资金进行市场投放。只是两个微信群和1000个忠实粉丝，靠着这1000个粉丝中的超级用户的推广，衍生出了第一批代理商。“樊登读书”是把员工当成合作伙伴的，但是也会避免规模过大引发的效率不足。除此之外，保证创新、参与者强烈的求生欲与实践验证、自然淘汰都是“樊登读书”孵化子公司的不二法门。从婴幼儿教育到老年市场，在品牌矩阵的背后，是解决不爱读书、没有时间读书、读不懂书的焦虑，是深入浅出、容易接受又引发共鸣的授课方式，是数千个代理商的广告投放、KOL宣传、微博营销以及各种活动的分销与口碑的快速传播。

任何一个项目想要走下去，只依靠个人影响力还远远不够。让有限产品最大限度地满足更多受众需求，让合作伙伴在框架里实现自由成长，让体系随时合乎市场规则，是一家企业或者机构能够发展的必要条件。

樊登和他的项目很像，都是属于厚积薄发的类型。一开始悄无声息，但当人们看到时，已是一个参天大树。未来的知识付费领域究竟会变成什么样子没人知道，这波所谓知识付费的红利和风口还能保持多久也未可知，但在这个赛道里，“樊登读书”确实是一个有代表性的研究案例。多年前被樊登奉若神明的“君子谋道”让他叩开了天堂之门，这“道”如今都藏在了他的一举一动中。

（刘鉴漪　文）